553
186f

DU RÉGIME DOTAL

ET DE

LA COMMUNAUTÉ

Au double point de vue moral et économique.

—

THÈSE POUR LE DOCTORAT

SOUTENUE

Le mercredi, 27 décembre 1865, à 2 heures

PAR

Zdzislas SKLODOWSKI

Né à Lukow (Pologne)

Candidat en droit de l'Université de Saint-Pétersbourg.

TOULOUSE

IMPRIMERIE TROYES OUVRIERS REUNIS

RUE SAINT-PANTALÉON, 5.

—

1865.

F

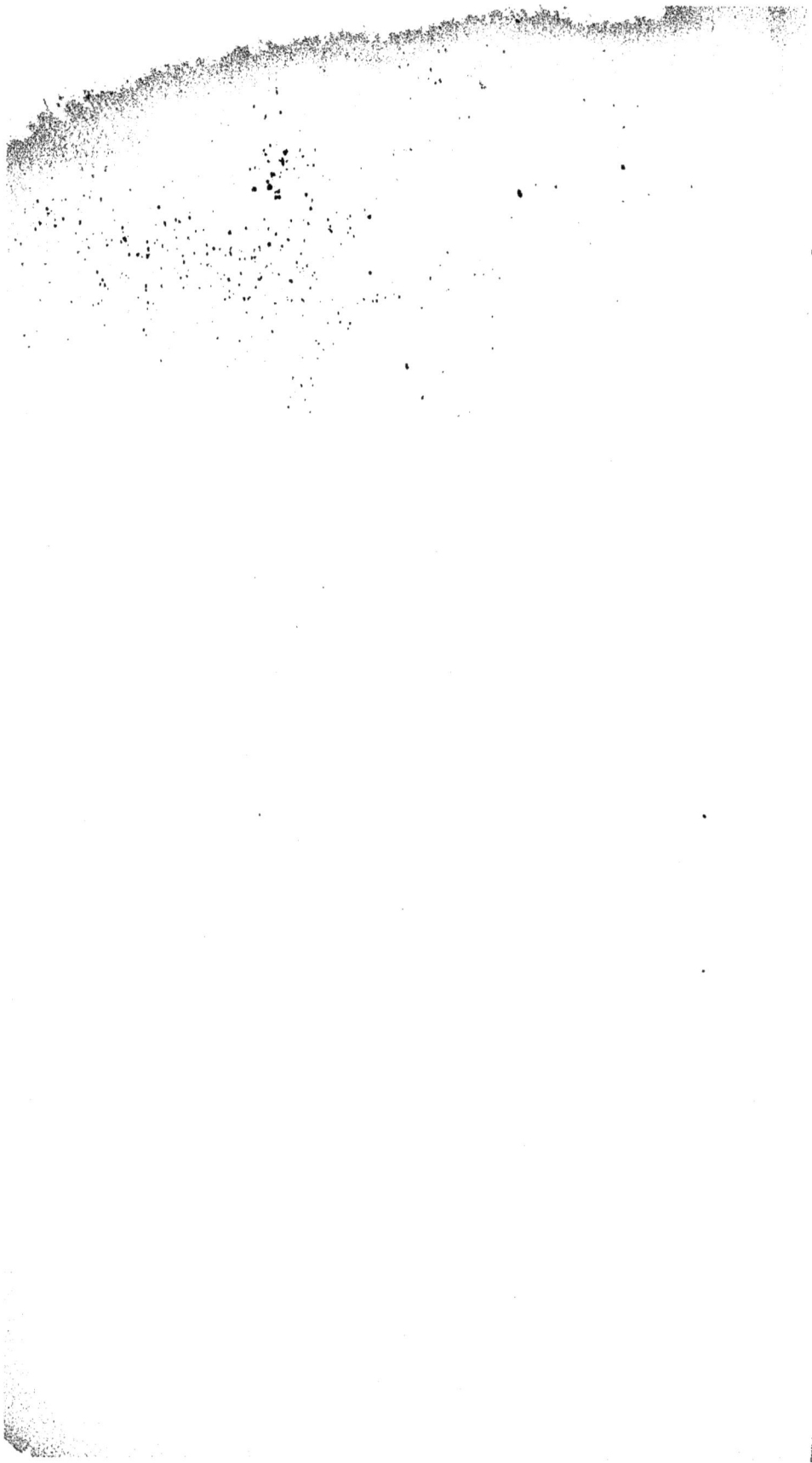

FACULTÉ DE DROIT DE TOULOUSE.

DU RÉGIME DOTAL

ET DE

LA COMMUNAUTÉ

Au double point de vue moral et économique.

—

THÈSE POUR LE DOCTORAT

SOUTENUE

Le mercredi, 27 décembre 1865, à 2 heures

PAR

Zdzislas SKLODOWSKI

Né à Lukow (Pologne)

Candidat en droit de l'Université de Saint-Pétersbourg.

TOULOUSE

IMPRIMERIE TROYES OUVRIERS RÉUNIS

RUE SAINT-PANTALÉON, 5.

—

1865.

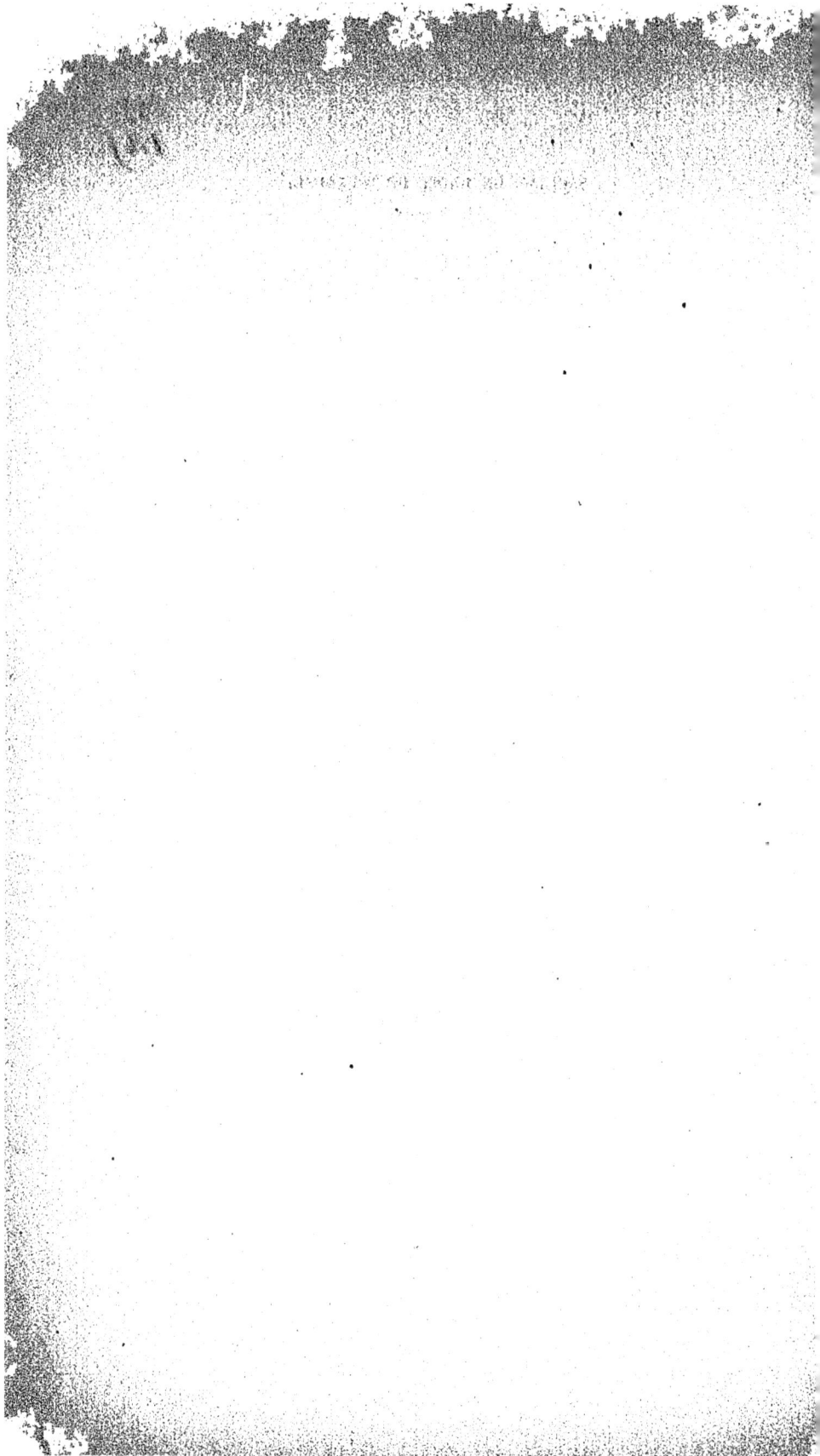

A Son Excellence M. Romuald de HUBÉ

Ancien Professeur de l'Université de Varsovie

Témoignage de respect et de reconnaissance.

Z. S.

FACULTÉ DE DROIT DE TOULOUSE.

MM. CHAUVEAU ✳, Doyen, professeur de Droit Administratif.
DELPECH ✳, Doyen honoraire, professeur de Code Napoléon, en congé.
RODIÈRE ✳, professeur de Procédure civile.
DUFOUR ✳, professeur de Droit Commercial.
MOLINIER ✳, professeur de Droit Criminel.
BRESSOLLES, professeur de Code Napoléon.
MASSOL ✳, professeur de Droit Romain.
GINOULHIAC, professeur de Droit Français, étudié dans ses origines féodales et coutumières.
HUC, professeur de Code Napoléon.
HUMBERT, professeur de Droit Romain.
ROZY, agrégé, chargé du cours d'Economie politique.
POUBELLE, agrégé, chargé d'un cours de Code Napoléon.

M. DARRENOUGUÉ, Officier de l'Instruction publique, secrétaire, Agent comptable.

PRÉSIDENT, M. Bressolles,

SUFFRAGANS : { MM. Chauveau, Humbert, Poubelle, Rosy, *agrégé.* } *Professeurs.*

La Faculté n'entend approuver ni désapprouver les opinions particulières du candidat.

SOMMAIRE.

INTRODUCTION.

DROIT ROMAIN.

Dot romaine. — Dos, res uxoria.

DROIT FRANÇAIS.

PREMIÈRE PARTIE.

Communauté coutumière.

DEUXIÈME PARTIE.

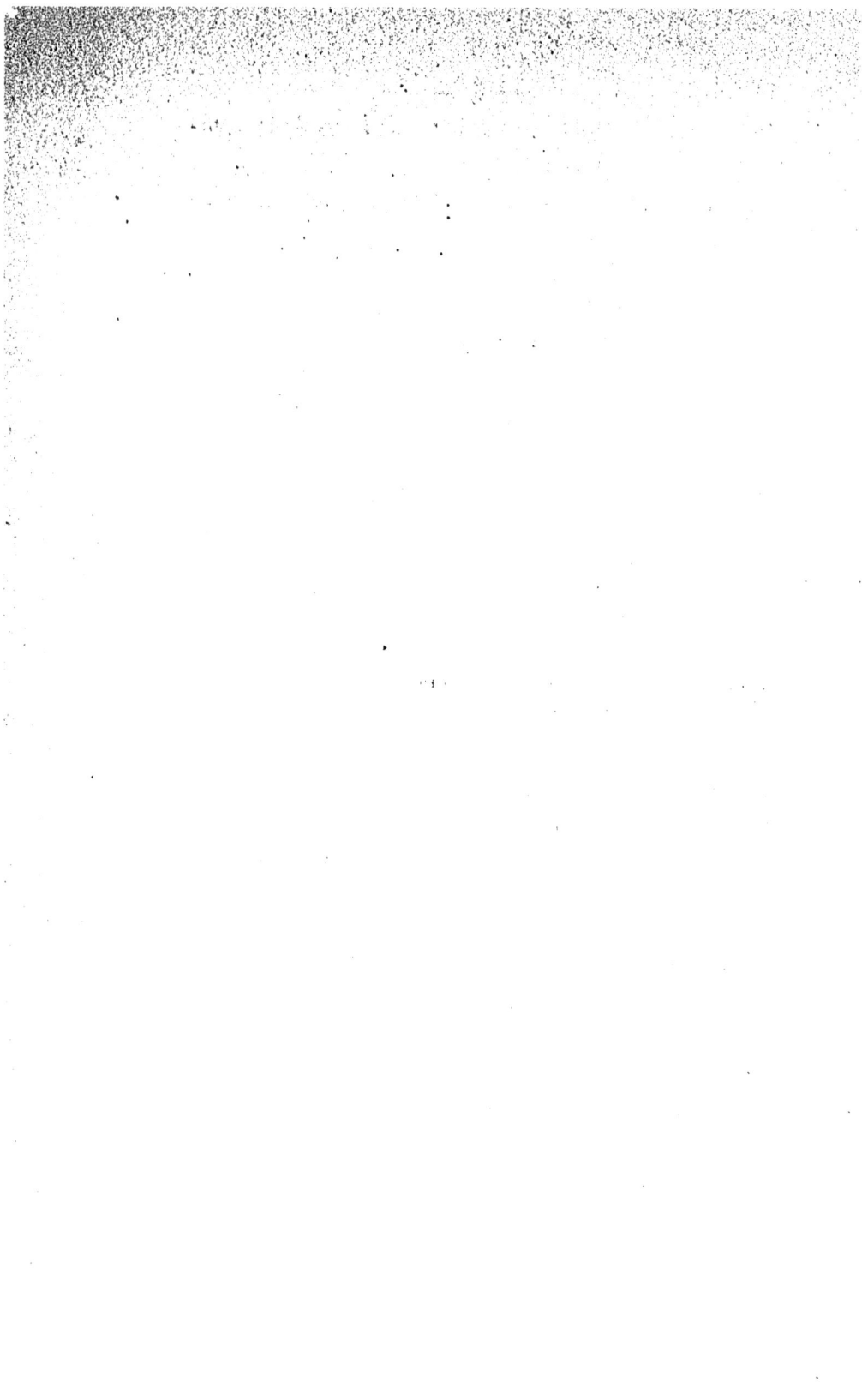

INTRODUCTION.

I.

Des rapports résultant du mariage en général.

L'union conjugale, l'association la plus étroite et la plus honorable pour les hommes, établit entre les personnes qui la contractent des rapports réciproques d'unité absolue, qui ne se soumettent pas facilement à l'analyse scientifique.

Néanmoins on adopte généralement dans les législations et dans la doctrine la division des rapports émanant du mariage en personnels et pécuniaires.

Mettant de côté l'importance morale de cette division, arrêtons-nous sur sa signification juridique.

L'élément essentiel des rapports conjugaux repose sur l'harmonie du sentiment et de la pensée, dans cette sphère inaccessible au législateur.—La loi n'a ici qu'une influence indirecte et très-restreinte, et c'est seulement quand le rapport normal se trouve altéré dans ses manifestations extérieures, qu'elle peut se présenter comme le gardien de l'ordre moral à qui elle doit la sanction sociale.

Ainsi l'ensemble des rapports moraux et juridiques entre les époux peut être réduit aux cinq points suivants :

1º La cohabitation ;

2º Le devoir de s'aider réciproquement ;

3º Le devoir du mari de nourrir sa femme, et leur devoir commun de nourrir les enfants ;

4º Le devoir du mari de défendre sa femme ;

5º Le devoir de la femme d'obéir au mari durant la vie conjugale.

Voilà des préceptes basés sur la nature du mariage et sur les idées générales de l'humanité ; les mœurs les ont sanctionnés avant que le législateur les eût inscrits dans leurs Codes.

Ces rapports moraux et juridiques ne peuvent pas être violés sans qu'on viole en même temps la nature du mariage ; c'est là leur trait caractéristique, et pour cela, le législateur défend de les modifier par les conventions privées.

II.

Des rapports pécuniaires entre époux en général.

Tout autre est le point de vue, lorsqu'il s'agit des rap-

ports pécuniaires entre les époux , car, ne se rattachant
pas aussi étroitement à la base morale et à l'origine divine de l'union conjugale, ils péuvent être réglés par
la convention des parties contractantes.

En effet, le législateur laisse ici aux parties non-
seulement cette faculté dont elles peuvent user dans
toutes leurs conventions, en tant qu'elles ont pour but
l'intérêt pécuniaire ; mais encore il élargit considérablement, à ce point de vue, la sphère de leur capacité : les
parties peuvent introduire dans leur contrat de mariage
toutes les conditions qu'il leur plaît de choisir , telles
mêmes qui seraient nulles ou annulables dans les conventions ordinaires , à l'exception de celles qui sont en
opposition directe avec les prescriptions du législateur.
— Voulant favoriser l'union conjugale , la loi devait
favoriser les transactions pécuniaires dont le mariage
dépend très-souvent.

Mais c'est l'apanage glorieux de la nature humaine,
que de deux principes équivalents, le plus élevé, que
de deux intérêts parallèles, le plus noble triomphe et
préside à nos idées et à nos actes.

Le mariage, comme la réalisation de l'idée divine,
comme le moyen qui nous sert à atteindre notre fin,
est regardé, dans l'opinion générale, comme une chose
tout à fait distincte des intérêts pécuniaires qui sont réglés
dans les conventions ordinaires. D'où il faut conclure
que l'union conjugale peut n'être pas accompagnée d'une
convention réglant les rapports des biens des époux. Et

cependant ou plus tôt ou plus tard des difficultés peuvent s'élever, surtout quand après la mort des époux se présentent des personnes subrogées dans leurs droits, personnes que ne retiennent pas les liens étroits de l'attachement et des sentiments de la famille, et pour lesquelles l'intérêt pécuniaire aura le plus souvent la préférence. Il est donc nécessaire d'établir une certaine règle qui fixe les rapports pécuniaires résultant du mariage, fixation légale qui suppléera à l'absence d'un contrat de mariage. Cette règle, c'est le régime organisé par la loi elle-même. Mais le législateur n'a jamais en vue de restreindre la libre volonté des futurs époux, il leur dit : je vous laisse la liberté complète pour arranger votre association conjugale sous le rapport pécuniaire, faites comme vous l'entendrez, je ne vous impose rien ; entrez dans le réglement le plus détaillé des conditions de votre union. Soumettez-vous réciproquement aux obligations quelconques, ainsi que vous le jugez bon, pourvu toutefois, qu'elles ne présentent rien de contraire à l'ordre public et aux bonnes mœurs. Si vous manifestez votre volonté en quelques mots seulement, si vous vous contentez de la déclaration générale, qu'il vous plaît de vivre dans la communauté, ou sous le régime qui l'exclut, si vous choisissez le régime dotal ou tenez à séparer vos biens, alors je suppose que vous comprenez ces régimes tels que je les ai réglés dans le Code. Enfin, si vous n'avez fait aucune convention en n'usant pas de la liberté que laissait la

loi, eh bien! je suppose qu'il était dans votre volonté
de régler vos intérêts pécuniaires de la manière par
moi établie dans les art. 1399-1540. *Velle videtur qui
non impedit quod impedire potest.*

III.

Des rapports considérés comme une partie des droits de famille.

Mais avant d'aborder l'analyse des rapports pécuniaires entre époux, je veux jeter un coup d'œil général
sur le caractère des droits de famille, dont le régime
matrimonial fait partie.

Les rapports juridiques de biens entre époux, de
même que ceux de succession, sont le reflet fidèle des
droits à la jouissance desquels participe l'épouse.

La succession trace un cercle des droits compétant à
la fille, à la mère ou à la veuve ; les rapports de biens
entre époux donnent la mesure d'habileté légale de la
femme ; les uns et les autres se tiennent dans une liai-
son immédiate . qui constitue la plus fondamentale,
sinon l'unique sphère d'action de la femme.

En effet, presque toutes les conditions sociales dans
lesquelles le mari trouve le milieu et le but de son
existence, l'occasion et l'honneur de servir le bien public, où il conquiert son indépendance matérielle, la
considération de ses concitoyens, toutes ces vocations

sont fermées pour la femme. Retranchée de la jouissance des droits de citoyen et de politique, privée même quelquefois de l'exercice des droits civils, elle dépose sur l'autel de son foyer de famille tous ses instants, tous ses soucis, tous les trésors de son cœur et de son esprit.

Le silence du foyer domestique et les soins de sa famille, tel est jusqu'à présent l'unique partage de la femme.

Nous posons en tête ce fait non moins ancien qu'universel ; car devant parler d'une branche des droits de famille, nous le considérons comme éminemment propre à nous servir de point de départ.

Car si la famille est exclusivement la condition sociale de la femme, par cela même et surtout les droits de famille sont les siens.

Nous portons plus particulièrement notre attention sur ce trait caractéristique des droits de famille, car il élève haut et la valeur et l'intérêt de cette partie de la législation.

Le législateur organise très diversement, comme nous avons vu, les rapports de biens entre époux ; toutefois, cette variété d'organisation est plus apparente que réelle.

IV.

Leurs systèmes fondamentaux.

Presque tous les genres et toutes les nuances des

rapports de biens entre époux, qui s'étaient formés et
perfectionnés dans les législations des peuples anciens
et modernes, et avaient, malgré le cours des siècles,
conservé jusqu'à nos jours leur force obligatoire, peuvent se réduire à deux systèmes principaux : le régime
dotal et celui de la communauté.

Ordinairement on y en ajoute encore deux autres,
nommément : la séparation de biens et cette situation
anormale des conjoints, où le mari est propriétaire
exclusif et absolu du patrimoine de la femme et absorbe
en lui-même sa personnalité ; situation connue à Rome
comme conséquence de la *manus* et qui, en partie, est
encore aujourd'hui en usage chez les Anglais.

Un tel état de choses ne peut être considéré comme
un rapport proprement juridique de biens entre époux.
Car ce rapport suppose nécessairement une certaine ré-
ciprocité de droits et d'obligations entre deux conjoints ;
et là où tous les droits se trouvent du côté de l'une des
parties, du côté du mari, il ne saurait y être question
des rapports juridiques de biens matrimoniaux, le bon
plaisir du mari l'exclut de la manière la plus absolue.

En ce qui concerne la séparation de biens, ce régime
ne constitue pas non plus un rapport juridique; au contraire la législation qui consacre la séparation de biens
veut évidemment que le mariage n'établisse entre époux
aucun rapport juridique quant à leurs biens.

Ainsi dans notre opinion, il n'y a que la dot et la
communauté qui créent deux types séparés et distincts

de rapports juridiques de biens entre époux , autour desquels viennent se grouper leurs diverses variations et nuances.

Nous nous proposons de présenter brièvement ici les circonstances au milieu desquelles ces deux régimes étaient nés et s'étaient développés, et de formuler leurs principes généraux, ayant pour but de faire voir quelle est la position de la femme sous l'empire de chacun d'eux et partant d'indiquer leur valeur relative.

La patrie du régime dotal était Rome, ou plutôt les mœurs et la législation romaines ; la communauté est l'œuvre des temps tout à fait postérieurs : elle s'était formée et perfectionnée plus particulièrement sous l'influence du Droit coutumier français.

DROIT ROMAIN.

La dot romaine.

(Dos, res uxoria).

§ 1.

Organisation primitive de la famille romaine.

I.

Patria potestas.

Il est inutile de chercher l'origine de la dot romaine dans les premiers siècles de l'existence politique de Rome ; nous ne la trouverions ni dans la loi des XII Tables ni dans la primitive famille romaine.

En effet, la famille romaine, presqu'à la fin de la Ré-

2

publique, n'était qu'une institution politique. Ce n'est pas le mariage, le lien consacré par la nature, l'unité du sang et des sentiments qui en étaient la base et l'élément principal, mais la puissance paternelle : *patria potestas*.

C'est elle qui établissait le lien entre les membres de la famille, le seul lien autorisé par la loi des XII Tables ; c'est d'elle que dépendaient les enfants nés du mariage légitime et leur descendants, ainsi que les personnes entrées dans la famille par l'adoption ou l'adrogation. Le mariage et la paternité légitime n'étaient qu'une des trois manières d'acquérir cette puissance, qui par son étendue dépassa toutes les limites accordées à la puissance du père sur ses enfants, et la puissance du chef de la famille sur les membres de cette famille, par le droit naturel, *jus naturale*, par les institutions et les idées innées à l'humanité : *jus gentium*.

La puissance dont nous parlerons était propre aux Romains, *jus proprium civium romanorum* (1). Le chef de la famille à Rome unissait dans sa personne tous les attributs de la puissance absolue ; les personnes et les choses étaient soumises à son despotisme rigoureux, en présence duquel il n'y avait ni droit ni personnalité. Ce n'est que lui qui était indépendant, maître, juge et pontife dans sa maison, tous les autres membres de la famille n'existaient que pour lui et par

---

(1) Gaius I, § 55..... quod jus proprium civium romanorum est; fere enim nulli alii sunt homines qui talem in filios suos habeant potestatem, qualem nos habemus.

lui, *alieni juris.* Lui seul était le membre de l'état ; la femme, les enfants et les esclaves n'étaient rien.

Sous la puissance paternelle, tous les membres de de la famille étaient égaux entre eux , sans distinction d'âge ni de sexe; mais le fils et le petit-fils avaient l'espoir de devenir un jour les chefs indépendants de leur famille, tandis que la fille et la femme ne pouvaient songer d'acquérir jamais la pleine liberté. De la puis-sance du père elles passaient sous la puissance du mari, ou sous la tutelle des agnats, ou enfin sous la tutelle d'un tiers choisi par le père ou par le préteur. L'orga-nisation de cette puissance absolue , illimitée, n'a-vait pour cause que le besoin, la nécessité même, qui se faisait alors sentir, de fortifier le lien politique, encore trop faible pour embrasser chaque individu, chaque citoyen, et voilà pourquoi l'acquisition de cette puissance ne pouvait s'accomplir qu'en présence de l'état, *civitas.*

Ainsi l'adoption se passait en présence et avec la coopération active du magistrat de la République , *imperio magistratus,* et l'adrogation, espèce particulière d'adoption, ne pouvait avoir lieu que dans les comices, *propuli auctoritate* (1). Quant au mariage il donnait depuis les temps les plus anciens au père, *sui juris,* la puissance sur les enfants nés de cette union , quoique elle fût contractée sans aucune solennité *mero consensu,* pourvu que les époux eussent seulement le *jus con-*

_____

(1) Gaius I § 98. Adoptio autem duobus modis fit, aut populi auctoritate, aut imperio magistratus, velut prætoris. § § 99-154 ibidem.

nubii. Mais de tels mariages, déjà sous la législation decemvirale, ne donnaient pas par eux-mêmes au mari *la puissance sur la femme*, qui malgré cette union restait étrangère à la famille de son mari, et demeurait sous la puissance exclusive du chef de sa famille. Pour produire cet effet, pour donner au mari la puissance sur sa femme, le mariage devait être suivi de l'accomplissement de certaines formalités ou conditions que nous allons faire connaître. Mais hâtons-nous de dire que, dans les mœurs de l'époque primitive, l'absence de la puissance du mari sur sa femme se présentait rarement, et que presque toujours le véritable mariage romain était contracté de manière à créer en faveur du mari la puissance maritale.

II.

Manus, *mariages* **cum in manum conventione, sponsio ,** *mariages* **sine in manum conventione.**

Cette puissance sur la femme qui se rapproche beaucoup de la *patria potestas*, se traduit dans le langage juridique par l'expression technique *manus* ; le citoyen romain l'acquérait par l'accomplissement de certaines cérémonies symboliques et religieuses : *confarreatio*, ou cérémonies juridiques propres à l'acquisition de la propriété en général, *coemptio*. Néanmoins, l'omission de ces cérémonies ne le privait pas irrévocablement de la puissance sur la femme; il pouvait l'acquérir par *l'usus*, c'est-à dire par une sorte d'usucapion, lorsque la femme habitait pendant une année dans sa maison (1). Ce dernier moyen d'acquérir la *manus* et qui a fait surgir les doutes non encore éclaircis quant à l'époque et au motif de son admission, était, semble-t-il, la transition des mariages *cum in manum conventione* aux mariages libres, c'est-à-dire *sine in manum conventione*, car la femme pouvait éviter de tomber sous la puissance maritale ; elle devait interrompre la possession du mari, en s'éloignant trois nuits de suite du toit conjugal (2) Par la *manus*, la femme passait en quelque sorte dans la propriété de son mari, qui obtenait le droit absolu de disposer de sa personne et de ses biens.

La *conventio in manum* était pour lui un mode d'acquisition *per universitatem ;* tout ce que la femme possédait au moment du mariage, tout ce qu'elle pouvait acquérir plus tard passait dans la propriété irrévocable de son mari.

La femme, en entrant dans la maison de son mari, *sui juris*, tombait sous sa dépendance, parce que l'autorité du chef de la famille à Rome, ne pouvait souffrir aucun partage, aucune limite. L'épouse *in manu* dans la famille de son mari avait une situation identique à celle qu'elle occupait dans sa famille primitive, c'est-à-

---

(1) Gaius, I. § 111, velut annua possessione usucapiebatur.

(2) Gaius, I, § 111. Usu in manum conveniebat quæ anno continuo nupta perseverabat : nam velut annua possessione usucapiebatur, in familiam viri transibat, filiæque locum obtinebat. Itaque lege duodecim Tabularum cautum erat si qua nollet eo modo in manum mariti convenire, ut quotannis trinoctio abesset atque ita usum cujusque anni interrumperet.

dire la situation de la fille : *filiæ locum obtinebat* (1)
Lorsque le mari décédait, elle lui succédait au même
titre que ses enfants, c'est-à-dire, en qualité d'héritier
sien ; et même des biens qu'elle avait apportés à son
mari, elle ne recevait pas plus que les autres filles. Si
au contraire la femme *in manu* prémourait, le mari
n'était pas obligé de restituer les biens qu'elle lui
avait apportés.

Quant au divorce, l'ancienne loi attribuée à Romulus
et conservée par Plutarque, défendait à la femme de
le demander ; mais la même loi permettait au mari de
répousser sa femme coupable de certains crimes, et dans
ce cas , la fortune qu'elle avait apportée ne lui était
pas restituée. Lorsque le mari renvoyait sa femme sans
juste cause, il s'exposait à la perte de tous ses biens,
dont la moitié était destinée par cette loi à la femme
innocente et l'autre était affectée aux besoins du culte
de Cérès (2).

Il est donc évident que, dans les mariages *cum in
manum conventione*, la dot ne pouvait pas exister, parce
qu'elle suppose nécessairement une certaine capacité
juridique dont la femme soumise à la *manus* était
dépourvue. Il est vrai que dans les temps primitifs il
était d'usage à Rome, que le *Paterfamilias* au jour des
fiançailles de sa fille, promettait, *spondebat*, une certaine
somme au fiancé, qui en acquérait la propriété au mo-

---

(1) Gaius, I, n° 136.
(2) Plut., Romul., cap. 22.
Montesquieu, Esprit des lois, XVI, 16 :
Tigerström : Das Römische Dotal-Rechts.
B. II § 44.

ment des noces, mais ce don n'était en rien semblable
à la dot, et comme le mot *dos* était alors inconnu, on
se servait pour désigner le don que nous venons de
mentionner de l'expression *sponsa* ou *sponsio* (1). La
dot constitue un certain rapport juridique entre les
époux, qui ne pouvait pas exister là, où tous les droits
étaient d'un seul côté, et de l'autre, le devoir de l'obéis-
sance aveugle et la plus complète dépendance : néanmoins dans l'idée des Romains cette dépendance absolue
de la femme était pour elle plutôt un honneur qu'une
humiliation. Sa situation dans la maison de son mari
était subordonnée à la bonne ou mauvaise volonté de
ce dernier , mais la religion et les mœurs pouvaient
adoucir son sort dans une certaine mesure ; hors de
la maison, la femme romaine *in manu* recevait les hon-
neurs et les hommages dus à son sexe, et jouissait du
titre si considéré de mère de famille. La dot véritable ne
parut qu'à l'époque où l'on vit se généraliser les mariages libres.

Déjà la loi des XII Tables, qui fournissait à la femme
le moyen d'éviter la *manus*, quand le mariage était
conclu sans solennité, *mero consensu*, légitimait par cela
même l'existence des mariages *sine in manum conventione*,
et quelque rares que fussent ces mariages au commencement, on ne peut néanmoins se dispenser de leur
accorder une importance juridique.

Voyons quelle était la situation personnelle et matérielle de la femme vivant dans le lien d'un pareil mariage.

(1) Varro, de lingua lat. VI. § 70.

Le mariage, contracté *sine in manum conventione*, sans aucune solennité, seulement par l'accord des parties, *mero consensu*, n'avait pour conséquence que l'union des époux sous le rapport moral et personnel, sans constituer entre eux des rapports pécuniaires. — La femme ne cessait pas d'appartenir à sa famille naturelle dont le chef conservait sur elle la puissance absolue sans aucune restriction amenée par sa nouvelle position. La puissance se conservait si entière, que sa volonté était toujours capable de rompre une union souvent chère au cœur de sa fille, et la femme enlevée de la maison de son mari revenait chez son père qui, pour l'exercice de ce droit, avait à sa disposition l'interdit *de liberis exhibendis* (1). Donc, sous le rapport de la condition personnelle de la femme, le mariage accompagné de la *manus* et celui qui en était dépourvu, ne différaient en rien l'un de l'autre : là, le despotisme du mari; ici, le despotisme du père, et toujours la même dépendance. Si le chef de la famille lui donnait l'objet de la *sponsio* dont nous avons parlé plus haut, elle devenait la propriété du mari, propriété irrévocable en principe; mais il nous semble que rien, si ce n'est peut-être l'usage de l'époque, ne s'opposait à ce qu'on soumette ce don à certaines conditions, comme

_____

(1) L. 5, D., 43, 30. Si quis filiam suam quæ mihi nupta est, velit abducere vel exhiberi sibi desideret : an adversus interdictum exceptio danda sit si forte pater concordans matrimonium, forte et liberis subnitum, velit dissolvere. Et certo jure utimur, ne bene concordantia matrimonia jure patriæ potestatis turbentur; quod tamen sic erit adhibendum, ut patri persuadeatur, ne acerbe patriam potestatem exerceat.

par exemple à celle d'être restitué dans tels cas déterminés.

Le mariage libre de la femme *sui juris* ne donnait également au mari aucun droit sur les biens de celle-là, qui demeurait soumise à sa propre administration on plutôt à l'administration de ses tuteurs agnats. Les époux vivaient dans la séparation de biens la plus complète ; la femme ne portait pas ici le nom de mère de famille, mais elle s'appelait simplement *uxor vel matrona*.

Et si dans les mariages *cum in manum conventione* le sort de la femme était étroitement lié à celui de son mari, au contraire ici, le lien qui unissait les époux était trop faible pour exercer une influence quelconque sur leur situation pécuniaire. Dans l'un et l'autre cas, le mariage romain était loin de devenir cette union indivisible et absolue, *consortium omnis vitæ*, dont nous parlerons plus tard les jurisconsultes de l'époque classique (1).

Quoi qu'il en soit, les mariages libres favorisaient le plus, sans doute, la naissance et le développement du système dotal. Le père de famille, conservant la puissance sur sa fille même après son mariage, désirait d'un côté récompenser le mari par le don pécuniaire appelé *sponsio*, et de l'autre sa fierté personnelle lui faisait une nécessité de prendre part aux charges du ménage, accrues par l'arrivée de sa fille dans la maison du mari.

(2) Modestin, fr. 1. de ritu nupt..

Tant que les mariages libres restèrent l'exception, le système dotal ne pouvait pas se former définitivement, car les institutions juridiques ne se forment et ne se développent qu'à mesure de leur utilité et du besoin. Voilà pourquoi, avant l'époque de la généralisation des mariages *sine in manum conventione*, la dot ne pouvait devenir l'objet des préoccupations spéciales du législateur et des prescriptions de la loi.

§ 2.

Causes de la généralisation du mariage libre.

L'un des faits assurément les plus curieux, non-seulement au point de vue de l'histoire du Droit, mais aussi de l'histoire des mœurs de Rome, est justement cette transition de mariages, accompagnés de la puissance absolue du mari, à ces unions libres, qui, sous le rapport juridique, ne constituaient aucun lien entre les époux. Quel pouvait être le motif de cette réforme radicale, apportée dans la sphère des droits personnels et de famille, auxquels le préteur lui-même n'osait pas toucher dans ses édits?

Quand et sous l'influence de quels événements cette réforme a dû s'accomplir? Voilà les questions, qui, à cause du vif intérêt qu'elles présentent, peuvent tenter la plume la plus timide. Puisse cette raison justifier les quelques considérations que nous osons jeter en passant!

Dans nos lectures, nous avons vu souvent exprimer cette opinion, que l'influence de la Grèce était le motif ou au moins l'une des causes principales de la corruption des mœurs à Rome. Déjà Pline l'aîné attribuait aux

Grecs tout le mal de sa patrie, *Grœci vitiorum omnium
genitores* (1). Nous ne voulons pas nier que la civili
sation grecque ait exercé une grande influence sur l'essor
de la société romaine, et que cette influence ait pu être
quelquefois plus pernicieuse qu'utile. Le plus souvent,
il arrive qu'une nation, encore dans l'enfance, lorsqu'elle
se trouve en contact avec une société civilisée, emprunte
ses vices plutôt que ses vertus ; mais nous ne pouvons
penser que l'exemple des Athéniens, dont les Romains
copiaient les mœurs et les institutions, ait été la cause
de la révolution si importante qui s'opéra dans la constitution de la famille romaine et qui a soustrait la
femme au despotisme marital, pour lui faire atteindre
l'indépendance complète. L'humanité n'a pas besoin de
se répéter ; cette circonstance, que les mêmes faits, les
mêmes résultats se manifestent au moins en apparence,
de temps en temps, là ou là, au sein de telle société ou
de telle autre, est plutôt l'émanation inévitable de l'u-
nité du genre humain, la conséquence de ces lois éter-
nelles, selon lesquelles il se forme et se développe.

Il nous semble que c'est une vérité incontestable que
chaque fois qu'une institution quelconque viole la nature humaine, son existence ne peut pas être durable ;
tôt ou tard, la nature réclame ses droits violés.

Les formes primitives de la vie civile à Rome se
sont tellement éloignées de l'ordre naturel des choses,
qu'elles étaient beaucoup plus appropriées au réglement sévère d'une sorte de couvent politique qu'aux
institutions ayant pour but de favoriser le développement de l'esprit humain.

(1) Plin. Hist. Nat. XV. 5.

La loi des XII Tables devait sa solidité et sa popularité aux adoucissements du préteur, dont l'édit, l'élément mobile de la législation, appropriait chaque année les lois obligatoires aux besoins de la vie quotidienne. Mais, ni le préteur, ni même l'autorité législative, n'ont pas touché de longtemps à l'organisation de la famille, quoique sur ce point les réformes fussent urgentes. La réforme néanmoins s'est accomplie ; elle s'est accomplie par la logique des faits et par la corruption des mœurs.

Nous avons déjà vu que les droits de la femme étaient presque nuls dans la République Romaine. La situation pénible d'*alieni juris*, qui pour l'homme n'était que temporaire et passagère, ne finissait pas pour la femme : *Patria potestas, manus, tutela agnatorum* se succédaient l'un à l'autre pour la priver de la liberté et la livrer à la merci de son père, de son mari ou de ses parents.

— Chacune de ces institutions juridiques atteignait son but, en dépouillant la femme de tous droits dans la société et dans la famille, mais elles ne pouvaient pas arracher de sa nature humaine la conviction de son égalité avec ceux qui la tenaient dans une enfance perpétuelle. — La *manus* devait surtout blesser sa fierté, car où, si ce n'est dans le mariage, la femme a-t-elle plus droit à la légalité? Donc, si le sentiment de son droit vient à se réveiller dans le cœur de la femme romaine, elle ne s'arrêtera pas qu'elle ne l'ait obtenu, et elle l'obtiendra peut-être au prix de la dignité de son mari et en flétrissant son honneur.

Si, hors de cette loi générale, qui règle fatalement le sort des institutions sociales, il nous fallait chercher les motifs des temps et des lieux, qui ont pu coopérer

à l'émancipation de la femme romaine ; à sa libération
de la puissance maritale, nous ne les chercherions pas
en Grèce ; ces motifs étaient tous près, ils existaient sur
le sol d'Italie, et étaient justement l'émanation de
ces luttes politiques entre les praticiens et les plébéiens,
qui déjà, dans ces commencements, avaient laissé des
traces dans les institutions civiles et rempli cette période,
la plus brillante de l'Histoire Romaine.

La loi des XII Tables, faite dans les vues aristocra-
tiques des praticiens, défendait aux plébéiens de
s'unir par le mariage avec les personnes de l'ordre pa-
tricien ; le *jus connubii* entre les personnes de l'une et
l'autre classe n'existait pas. — La plèbe, luttant pour
l'égalité complète, ne pouvait voir avec indifférence
cette séparation, que la fierté des anciennes familles
romaines voulait maintenir parmi eux. — Sans doute,
écarter de la législation obligatoire cette défense bles-
sant l'honneur des plébéiens, était l'un des premiers
actes du peuple et de ses tribuns.

Les patriciens résistaient depuis longtemps, mais enfin, vaincus par le progrès des temps et l'autorité crois-
sante des plébéiens, ils furent forcés de céder aux exi-
gences du peuple. Mais, quoique obéissant à la pression
de la nécessité, ils tâchaient de céder le moins possible.
On mariait donc les filles des patriciens avec les plébéiens, mais la puissance paternelle était toujours conservée.

Le mariage *sine in manum conventione* dans ce cas
était très-favorable à l'ambition et à la fierté des patriciens, car la femme ne perdait pas la situation qu'elle
occupait auparavant dans la société et ne dépendait pas
de la puissance d'un mari inférieur par la naissance.

Les biens restaient dans sa famille, et c'était là un des
plus graves motifs que prissent en considération les
Romains, connus par leur cupidité. Rien d'étonnant
donc que les plébéiens de leur côté procédassent de
même et aimassent mieux conserver les fortunes de
leurs filles, qu'enrichir les membres d'un ordre différent, leurs ennemis de la veille.

Pour donner à nos assertions une plus grande précision, qu'il nous soit permis de citer plusieurs faits his-
toriques.

Dans l'année 309 après la fondation de Rome, la *lex*
Canuleia accorda aux plébéiens le *jus connubii* avec les
patriciens, mais la *lex* Canuleia n'était qu'un plébiscite,
et les plébiscites furent longtemps considérés comme
sans force obligatoire vis-à-vis du premier ordre de
l'Etat, et ils n'étendirent sur eux leur puissance qu'en
l'année 468, par suite de la loi *Hortensia*. C'est donc à
la fin du Ve siècle qu'il faut fixer l'époque à laquelle les
chefs de famille furent mis par les circonstances à
même de favoriser les mariages libres et à laquelle ces
mariages commencèrent à se généraliser ; ce qui avec
l'affaiblissement de la tutelle des agnats, avec le relâ-
chement des mœurs jusqu'alors sévères, fit que les
femmes romaines, se voyant souvent en possession
d'une immense fortune, et aveuglées par l'éclat d'une
liberté qu'elles ne connaissaient pas jusqu'alors, et dont
elles ne savaient pas se servir, tombèrent dans la voie
de la corruption et du déshonneur ; et dès-lors com-
mença la décadence du génie romain.

Déjà en 540 nous trouvons des lois établies pour ré-
primer les abus que la femme romaine faisait de sa liberté, la *lex Oppia* notamment, qui néanmoins vingt

ans plus tard était aboli aux applaudissements des femmes à peine sorties du foyer domestique et qui déjà fréquentaient le Forum. Peu de temps après, en 585, Caton reprochait de la tribune aux femmes leur libertinage, et aux hommes cette faiblesse de caractère qui les empêchait de soutenir leurs droits et de conserver leur puissance : *jus majestatemque viri*. C'est dans cette année enfin que fut publiée la loi si connue : la *lex Voconia*

Les divorces très rares à l'époque des mariages *cum in manum conventione*, tendirent à devenir extrêmement nombreux, à cause précisément de la généralisation des mariages libres. Autrefois, la haute moralité de la nation, l'opinion des concitoyens et la sainteté de l'union étaient un frein plus que snffisant pour arrêter, entre les mains du mari, l'exercice du droit qu'il avait de rompre le mariage. Aujourd'hui, non-senlement le mari, mais encore le père de la femme, ou enfin même la femme *sui juris* pouvait les rompre; aussi y avait-il très-peu de mariages qui ne finissaient pas par le divorce, et on peut dire que l'on s'unissait pour se quitter le plus tôt possible : *at nunc repudium votum est quasi matrimonii fructus* (1).

De cette façon, les mariages libres institués dans l'intérêt de la puissance paternelle et introduits dans l'intérêt de la politique étaient pour les femmes, non-seulement le degré qui leur servait à atteindre la liberté et l'égalité, mais encore l'institution pleine d'abus, qui les conduisait à l'oubli de leurs devoirs et à leur dé-

---

(1) Tertull., 1°. Müller, Institut., § 142, not. 44.

grádation morale. La femme romaine de la *manus*, c'est-à-dire de l'assujettissement le plus complet passa dans un état d'indépendance extrême, funeste à sa moralité.

Mais il nous tarde d'arriver à la dot.

§ 3.

La dot.

Nous avons dit déjà que le mariage *sine in manum conventione* ne constituait entre les époux aucun rapport pécuniaire, la séparation des biens était poussée jusqu'à ce point, que le mari avait l'action *legis Aquiliæ* contre sa femme, qui lui avait causé un préjudice quelconque pour des objets qu'il lui avait prêtés (1), et que chacun des époux avait l'action réciproque du vol sous le nom adouci de l'action *rerum amotarum* (2).

Nous avons mentionné aussi qu'à Rome les pères de famille avaient l'habitude de donner au gendre un don en argent, *sponsio*. Cet usage qui persista alors que presque tous les mariages étaient accompagnés de la *conven-*

---

(1) L. 27. § 50, D., 9, 2. Si cum maritus uxori margaritas extricatas dedisset in usu, atque invito vel inscio viro perforasset ut pertusis in linea uteretur : teneri eam lege Aquilia sive divertit, sive nupta est adhuc.

L. 56 ibid. Mulier si in rem viri damnum dederit, pro tenore legis Aquiliæ convenitur.

(2) L. I. D. , 25, 2.

tio in manum, devait tendre à se généraliser, quand les mariages libres se firent plus nombreux, et enfin devenir la source du *système dotal*.

En effet, la dot, quoique la loi ne l'exigeât pas, comme la condition nécessaire du mariage devint par la force de la coutume la marque caractéristique de l'union légitime, qui la séparait du *concubinat*.

Après avoir déterminé autant que possible à quelle époque et sous quelles conditions la dot, *dos*, prit naissance, nous présenterons l'esquisse générale de ce régime matrimonial.

Au commencement, le don, *doni datio*, que le mari recevait des mains du père, si la femme était *alieni juris*, et des mains du tuteur, si elle était *sui juris*, passait irrévocablement dans sa propriété et il était en effet *dominus dotis*. Le mari acquérait la dot d'une manière aussi définitive que dans les mariages *cum in manum conventione*, avec cette différence seulement, que la *manus* lui donnait la propriété des biens de sa femme *ipso jure* et *per universitatem*, tandis qu'ici il ne l'acquérait qu'en vertu de la convention et de la tradition, à titre particulier.

Cette réunion de la dot aux biens du mari était très défavorable pour les femmes à l'époque où les divorces se multiplièrent ; car elle les exposait à la perte des biens apportés à titre de dot. Alors pour sauver la dot à la femme, *on institua les cautiones et actiones rei uxoriæ*, moyen insuffisant, comme le démontra l'expérience. Le vrai régime dotal ne se forma qu'à la suite des lois nouvelles, *leges novæ*, (1) sous les conditions suivantes.

(1) Lex Julia et Papia Poppæa.

I.

Constitution de la dot.

La *dos* ou *res uxoria* avait pour destination de contribuer aux charges du ménage, le mariage était donc la condition nécessaire de la validité de la dot : *dos sine nuptiis esse non potest* (1). Probablement les lois *Julia* et *Papia Poppœa* ont imposé d'abord au père de la famille, ou bien s'il était pauvre, à l'aïeul paternel de la fiancée, l'obligation de constituer la dot.

La dot constituée par le père ou par l'ascendant de la ligne paternelle s'appelait *dos profectitia* (2), et la dot, qui provenait de toute autre source, portait le nom de *dos adventitia* (3). Entre ces deux sortes de dot existaient des différences dont nous aurons l'occasion d'apprécier plus bas l'importance.

La constitution de la dot, *dos constituta* (4), pouvait

(1) L. 5, D., 23, 3.
(2) L. 5, D., 23, 3. Profectitia dos est quæ a patre vel parente profecta est de bonis vel fact. ejus. § II eod : Si pater pro filia emancipata dotem dederit profectitiam nihilominus dotem sese nemini dubium est, quia non jus potestatis sed parentis nomen dotem profectitiam facit.
(3) Ulp. Règl., lib VI, 3. Adventitia, id est ea quæ a quovis alio data est.
(4) Ulp. Règl., lib VI, 1. Dos aut datur aut dicitur, aut promittitur.

avoir lieu, ou par la simple tradition ou mancipation, etc., des objets qui la composaient : *datio*, ou par contrat, engendrant l'obligation de transférer la propriété des objets constitués en dot. Au temps d'Ulpien, cette *promissio* devait être faite sous la forme solennelle de la stipulation. Seuls, la fiancée, le père, l'aïeul et les parents paternels pouvaient s'engager à constituer la dot, sans avoir besoin de recourir à une promesse solennelle par contrat de stipulation. Leur déclaration unilatérale était suffisante : *dotis dictio* (1). L'empereur Théodose conserva la validité de toute simple promesse de payer la dot, sans égard à la qualité du constituant, et ce droit est passé dans la législation de Justinien. Au moment où le mariage était conclu, le mari avait le droit d'exiger le paiement de la dot.

Les objets composant la dot pouvaient être estimés et leur valeur exprimée en argent : *dos æstimata*, dans le but de transférer la propriété des objets au mari, de telle façon qu'il devenait seulement le débiteur de leur prix, *venditionis causa* (2); mais alors il était responsable des cas fortuits, c'est-à-dire que les risques étaient à sa charge. L'estimation de la dot avait un autre but; celui de prouver la valeur des objets apportés en dot dans le cas où le mari les aurait perdus ou détériorés par sa faute : *taxationis causa*.

---

(1) (Ulp. Règl. : lib VI, 2. Dotem dicere potest mulier quæ nuptura est et debitor mulieris si jussu ejus dicat, item parens mulieris virilis sexus per virilem sexum cognatione junctus, velut pater, avus paternus. Dare, promittere dotem omnes possunt.

(2) L. 10, § 4, 5, D., 25, 3. Si ante matrimonium æstimatæ res dotales sunt, secutis nuptiis æstimatio rerum perficitur et fit vera venditio.

II.

Les droits du mari sur les biens dotaux.

L'étendue des droits du mari sur les biens dotaux était limitée, et par cet usage d'estimer la dot et notamment par le but que le législateur assignait à la constitution de dot : à savoir, de contribuer aux charges du ménage et d'assurer l'avenir de la famille ; ce qui emportait l'obligation pour le mari de conserver à sa femme la totalité de sa dot, pour la lui remettre dans son intégralité au jour de la dissolution du mariage.

Ce but de la dot caractérise le système dotal et nous le voyons toujours se maintenir dans la législation romaine, quoique les motifs ne fussent plus les mêmes. Aux temps d'Auguste, on a limité d'abord le droit absolu du mari jusqu'alors sur la dot. La *lex Julia de fundo dotali*, défendit au mari d'aliéner les immeubles sans la permission de la femme ; mais elle prohiba la constitution de l'hypothèque même de son consentement.

Cette défense d'aliénation ne s'étendait primitivement qu'aux immeubles italiques, car eux seuls pouvaient être l'objet de la propriété quiritaire, et il semble qu'elle ne s'appliqua aux immeubles des provinces qu'au temps de Justinien. Justinien aussi posa le principe de l'inaliénabilité absolue de la dot immobilière. La permission de la femme n'eut depuis lors aucune signification.

La raison de l'inaliénabilité de la dot était primitivement purement politique ; on sait , en effet, que l'influence politique motiva plus d'une réforme dans le
Droit civil Romain. Auguste trouva l'Italie dépeuplée
et épuisée par les guerres civiles , et cependant le
célibat s'augmentait dans des proportions effrayantes.
Il fallait entourer l'existence de la famille de privilé-
ges pécuniaires et fournir aux femmes divorcées et aux
veuves une occasion plus facile de contracter les nouvelles unions , en leur assurant l'entière restitution de
la dot. Tel était l'esprit des lois publiées à cette
époque , et le régime dotal occupa dans la législation la place indiquée par l'intérêt même de la République : *Reipublicæ interest mulieres dotes salvas habere
propter quas nubere possunt* (1).

Avec le temps, la raison politique céda la place à
l'intérêt de la femme et des enfants , et , à leur défaut,
à l'intérêt de la famille , à qui le régime dotal présentait la plus sûre garantie de la conservation des biens.
Malgré cela, la dot dans la législation romaine demeura
toujours une question d'ordre public : *Functio dotis* (dit
Paul), *pacto mutari non potest , quia privata conventio
juri publico nihil derogat* (2).

Ainsi , les droits du mari sur les immeubles dotaux
s'étendaient à l'administration et à la perception des
fruits , qui , de cette manière , devenaient sa propriété.
Les meubles ne participaient nullement à la prohibi-
tion et pouvaient être aliénés par le mari ; les créan-

(1) L. 2, D., 23, 5.
(2) *Pauli Sent.*, I., tit. 1, § 6.

ces lui appartenaient et il pouvait exiger leur paiement et donner valable quittance aux débiteurs. Quant à l'administration de la dot immobilière , le mari n'était obligé qu'aux soins qu'il mettait dans ses propres affaires, *diligentia in suis rebus* (1). Le privilége de la femme, qui la faisait préférer aux créanciers personnels, et son hypothèque légale garantissaient la dot mobilière (2).

III.

Les droits de la femme sur la dot.

La femme pendant le mariage n'avait d'autre droit que le *titre* de la *propriété* à sa dot, qu'une créance éventuelle et un intérêt pécuniaire actuel (3), droit purement éventuel. Elle n'en pouvait pas exiger la restitution, et si le mari restituait la dot avant le temps, il ne s'acquittait pas valablement et il pouvait être forcé de la restituer une seconde fois.

IV.

La restitution de la dot.

A la dissolution du mariage, la femme avait le droit d'exiger la restitution des biens dotaux.

----

(1) L. 17, D., 23, 3.
(2) L. un, § 1, C., 5, 15 ; L. 30, C. 5, 12.
(3) L. 75, D., 23, 3. Quamvis in bonis mariti dos sit mulieris tamen est.

A l'époque des jurisconsultes classiques, quand la femme, au moment de la dissolution du mariage, était *sui juris*, le droit d'exiger la restitution ne servait qu'à elle à l'exclusion de tous autres ; si elle était encore *in potestate*, le chef de la famille pouvait exercer ce droit avec son concours (1) et ses successeurs ne pouvaient revendiquer la dot que dans le cas où elle aurait elle-même intenté son action avant sa mort (2).

Si le mariage était dissous par la mort de la femme, alors la *dos profectitia* retournait au père ; au contraire, la *dos adventitia* restait entre les mains du mari, à moins qu'on eût inséré la clause de restitution : *dos receptitia* (3).

Justinien introduisit à cet égard des changements importants, qui avaient pour but d'étendre autant que possible le droit d'exiger la restitution aux successeurs de la femme (4). Dans le premier cas, c'est-à-dire quand le mariage était dissous avant la mort de la femme *uis juris*, le droit d'exiger la restitution qui ne pouvait être exercé que par elle, passait à ses héritiers.

Si la mort de la femme rompait le mariage, ses hé-

---

(1) Ulp. Reg., IV, 6. Divortio facto siquidem sui juris sit mulier, ipsa habet actiones ad dotis repetitionem. Quod si in potestate patris sit, pater adjuncta filiæ persona habet actionem rei uxoriæ.

(2) Ulp. ibid., 7. Post divortium defuncta muliere heredi ejus actio non aliter datur quam si moram in dote mulier.

(3) Ulp. ibid., 4. Mortua in matrimonio muliere dos a patre profecta ad patrem revertitur. 5. Adventitia autem dos semper penes maritum remanet præterquam si is qui dedit, ut sibi redderetur stipulatus fuit : quæ dos specialiter receptitia dicitur.

(4) L. un, C, 5, 13. reddenda maritus fecerit.

ritiers recevaient toujours la dot nommée *dos adventitia*;
quant à la *dot profectice*, les héritiers de la femme n'y
avaient droit que lorsque la personne qui l'avait constituée et qui aurait pu les exclure, se trouvait pré-
décédée. Quant à la femme *in potestate*, son chef de famille pouvait, comme dans le droit primitif, avec ou
sans elle , exiger la restitution ; mais il n'avait sur la
dot adventice qu'un droit d'administration et d'usufruit;
la *dos profectitia* au contraire lui retournait comme au
propriétaire. Néanmoins, il était obligé de doter sa fille
dans la même proportion, si elle se mariait de nou-
veau (1).

Quand le mariage était dissous par la mort de la
femme *in potestate* le droit d'exiger la restitution ne
servait aux mêmes personnes et dans la même étendue
qu'après la mort de sa femme *sui juris* (2).

Le mari était obligé de restituer les mêmes objets,
qu'il avait reçus à titre de dot , dans le cas où la dot
était estimée, *dos œstimata*, il ne restituait que le prix.
Cependant l'ancien droit permettait au mari dans certains cas de conserver une partie de la dot, *retentiones* (3), par exemple : *propter liberos* (4), *propter mores*
(5), *propter res amotas* (6), *propter res donatas* (7), *prop-*

(1) Nov., 97, 5.
(2) L. un., § 6, C., 5, 13.
(3) Ulp. Reg., VI § 9.
(4) Ulp. Reg., l. c., § 4., § 10.
(5) Ulp. Reg., l. c., § 12.
(6) L. 5, § 4 ; L. 8, D., 25, 2.
(7) L. 66, § 1, D., 24, 3.

ter impensas (1) *.*, Justinien conserva seulement les *retentiones propter impensas necessarias* (2).

Les immeubles, comme les meubles dotaux non fongibles, *res non fungibiles*, selon l'ancien droit, devaient être restitués par le mari ou ses héritiers de suite après la dissolution du mariage. Pour les *res fungibiles* au contraire, la restitution pouvait se faire par tiers et dans l'espace de trois ans (3). Justinien décida que les immeubles fussent restitués au moment de la dissolution du mariage, et tous les objets mobiliers sans distinction, pas plus tard que dans l'année (4).

V.

Parapherna.

Tout le bien que la femme possédait, excepté la dot, restait sous sa propre administration, pourvu qu'elle fût *sui juris* ; le mari n'avait aucun droit sur ses biens, qu'on appelait du mot grec *parapherna*.

La séparation de biens des époux les rendait capables de contracter entre eux des obligations réciproques; ils pouvaient même régler par la convention leurs rapports pécuniaires aussi bien avant que pendant le ma-

---

(1) Dig. tit. de impensis in res dotales factis, 25, 1.
(2) L. un. § 8. C. 8. 13.
(3) Ulp. Reg., VI, 8.
(4) L. un., § 7, C., 8. 13.

riage, si cette convention n'était pas contraire à l'essence du mariage et à l'ordre public (1).

VI.

Les donations, propter nuptias.

Pourtant les donations entre vifs durant le mariage étaient défendues (2). Aussi les donations réciproques n'étaient valables qu'autant que les avantages respectifs retirés par les époux étaient égaux, de telle sorte que l'opération fut moins une donation qu'un échange (3).

Cette défense n'était introduite qu'en vue de maintenir la bonne harmonie du ménage et non pas dans le but de conserver les biens de chacun des époux à leurs familles, puisque ceux-ci étaient libres de s'instituer réciproquement (4), ou de se faire respectivement des legs, qu'ils pouvaient accepter *causa mortis*.

Les fiancés pouvaient se faire les donations sans aucune restriction, *arrha sponsalitia, donatio anter nuptias.*

(1) Dig., tit. do pactis dotalibus, 23, 3.

(2) L. 1, D., 24, 1. Moribus apud nos receptum est, ne inter virum et uxorem donationes valerent. Hoc autem receptum est ne mutuato amore invicem spoliarentur, donationibus non temperantes sed profusa erga se facilitate.

(3) L. 7, § 2, D., 24, 1. Si vir et uxor quina invicem sibi donaverint et maritus servaverit, uxor consumpserit, recte placuit compensationem fieri donationum.

(4) L. 0, § 2; L. 10, D., 24, 1.

Dans la législation de Justinien nous trouvons une espèce particulière de donation, *propter nuptias* (1). Le législateur tâchait d'assimiler cette donation à la dot, et comme on avait le droit non pas seulement de constituer la dot, mais même de l'augmenter, lorsqu'elle était une fois constituée, on a permis aussi de faire la donation *propter nuptias*, non-seulement au profit de la fiancée, mais encore au profit de la femme (2). Il faut remarquer que, si le mari avait le droit d'administration et d'usufruit, la femme cependant n'avait aucun droit à cette donation pendant le mariage. Et ce n'était qu'après la dissolution du mariage par la faute du mari que la femme, s'il n'y avait pas d'enfants, profitait de la donation dans sa totalité. Dans le cas contraire, elle recevait, à titre de propriété, une portion égale à celle que prenait chacun des enfants ; quant aux parts qu'elle ne prenait pas, la loi lui en attribuait l'usufruit.

Après la mort du mari, la femme devenait propriétaire de la donation *propter nuptias*, (3) quand on était convenu, que la dot, si elle mourait avant, resterait au mari.

Nous voyons donc que la donation *propter nuptias*, que le fiancé, le père ou un tiers à sa place était obligé de faire à la fiancée ou à la femme, pour compenser le bénéfice de la dot apportée par elle et dans la même

---

(1) Tit. Cod. de donat. ante nuptias, v. propter nuptias et sponsalitiis.

(2) § 3, Inst. 2, 7.

(3) L. 20, C., 5, 13.

Nov. 20, C., 20, § 1.

proportion (1) , avait pour but de la mettre à l'abri des
pertes matérielles, auxquelles elle eût pu être exposée,
durant le mariage ou au moment de sa dissolution.

§ 4.

Coup d'œil général sur le régime matrimonial, chez les Romains.

Telle est la législation romaine , au point de vue des
régimes nuptiaux. En l'exposant, nous avons évité les
détails et les règles particulières, n'ayant en vue que
les principes ; car ce sont eux qui forment et caractérisent un système de législation ; ce sont eux seulement qu'il faut considérer, quand on veut rechercher
l'esprit des institutions sociales et juridiques dans leur
développement moral et historique.

Maintenant, si nous nous arrêtons un moment pour
jeter un regard en arrière et embrasser à la fois l'ensemble de la législation romaine sur les rapports qu'elle
avait établis entre la femme et le mari , rapports dont
l'étude nous a occupé jusqu'à présent , nous verrons
d'abord, que le sort des femmes romaines s'améliorait
avec le progrès du temps ; que chaque jour, les sentiments innés à l'humanité remportaient une nouvelle
ictoire sur l'organisation primitive et artificielle de la
famille et de la société romaine, retirant la femme du

(1) Nov. 97, C., 1, 2.

néant juridique auquel elle était condamnée primitivement ; mais nous verrons aussi que, malgré tout cela,
la tâche difficile d'organiser les rapports pécuniaires
entre les époux ne fut jamais remplie d'une manière
satisfaisante ni dans la société , ni dans la législation
romaine. Au contraire, l'organisation de ces rapports
fut l'un des moindres soucis, l'une des moindres préoccupations de cette législation-modèle, qui, à d'autres
égards, ne le cède en rien aux institutions modernes.
Sans chercher au loin des preuves, il nous suffira de
rappeler, que le même Droit romain dans son développement définitif, ne fit que rendre égale la position du
fils et celle de la fille, la position du père et celle de la
mère, et sur ce point les législations actuelles ne l'ont
pas devancée. Mais en matière de régime matrimonial,
les Romains laissèrent beaucoup à désirer ; voulant
délivrer la femme de la *manus*, ils la placent hors de la
famille de son mari et établissent entre elle et lui la plus
complète séparation d'intérêts.

La dot devait avoir pour mission d'accomplir ce
rapprochement d'intérêts ; mais , au lieu d'associer les
époux, elle n'était qu'une compensation des frais du
ménage, occasionnés par l'arrivée de la femme dans la
maison du mari.

La dot semble être le seul régime nuptial connu de
l'antiquité, car la Grèce (1) même ne nous en offre pas
d'autre. Il était réservé , paraît-il , à la nouvelle
société élevée dans les principes du Christianisme, de
vider cette question si importante ?..

Nous verrons comment elle remplira cette tâche.

_____

(1) Bunsen. De jure hæredi Athenien. Goet. 1815.

DROIT FRANÇAIS.

PREMIÈRE PARTIE.

LA COMMUNAUTÉ COUTUMIÈRE.

§ 1.

Des diverses origines.

Les modestes limites de ce travail ne me permettent pas d'entrer dans les détails de la communauté coutumière au point de vue du droit obligatoire. Nous nous proposons de porter notre attention sur cette partie de la législation générale dans son développement moral et historique, nous nous maintiendrons toujours dans la région des principes, car ce sont eux qui forment et caractérisent les systèmes.

Il nous semble que la source de la communauté des

biens des époux, n'a pas été jusqu'à présent suffisam-
ment éclairée par la critique historique. Les uns s'ap-
puyant sur le témoignage de César (1), lui accordent une
origine celtique. Les autres la cherchent dans le Digeste
de Justinien (2), et enfin quelques célèbres écrivains alle-
mands (3) acceptent l'origine germanique de la communauté, affirmant qu'elle était l'émanation naturelle et la
conséquence logique du *mundium.*

(1) Caes., Com. de bello Gal. VI, 20. Viri quantas pecunias
ab uxoribus dotis nomine receperunt, tantas ex suis bonis æsti-
matione facta communicant. Hujus omnis pecuniæ conjunctim
ratio habetur, fructusque servantur ; uter eorum vita superarit
ad eum pars utriusque cum fructibus superiorum temporum per-
venit (v. *Grosleg. Recherches pour servir à l'histoire du droit
Français. Pardessus, mémoire sur l'origine des coutumes,
contra M. Humbert, Tardif.*)

(2). L. 16, § 5, D., 54, 1. Qui societatem omnium bonorum
cum uxore sua per annos amplius quadraginta habuit, testamento
eamdem uxorem et nepotem et filio æquis partibus heredes re-
liquit et ita cavit : *Item libertis meis quos vivus manumisi ea
quæ præstabant,* quæsitum est an et qui eo tempore, quo societas
inter eos permansit manumissi ab utrisque et communes liberti
facti sunt, ea quæ a vivente percipiebant, solidum ex fideicom-
misso petere possint? Respondit : non amplius quam quod vir
pro sua præstabat deberi. v. *Bouhier, Cout. de Bourg.,* VI, p.
170, n° 57.

Brisson, opera varia de ritu nupt., Hotman, ant. Rom., 1,
II (v. III, p. 416).

(3). *Zoepfl,* élément germanique dans le Code Napoléon (R.
ctr. et fr. de l. et de jur. 1852 n° 5).

MITTERMAYER, *Grindsatze des gemeinen deutschen Privat-
rechts,* §§ 585, 586 ; *Eichhorn,* Deutsche Staals und Rechts-
Geschichte, III, B. § 451.

Si la seconde de ces opinions ne trouva jamais aucun crédit et n'a même pas fait l'objet d'une discussion sérieuse, au contraire la dernière, par l'autorité scientifique de ceux qui l'ont embrassée, a produit plusieurs études brillantes sur l'origine germanique de la communauté (1).

I.

Mundium, pretium nuptiale. Faderfium, Doarium et Morgengabe.

Il nous semble que le *mundium* germanique ne renferme pas la source de la communauté des biens, qu'au contraire, c'est à son influence défavorable qu'il faut attribuer cette inégalité choquante des époux associés et les droits illimités du mari au préjudice de la femme.

Le régime matrimonial que nous trouvons dans les anciens monuments législatifs des peuples germaniques sous le nom de *leges barbarorum*, ou dans leurs coutumes, est sans doute plus conforme à l'essence du mariage que le régime matrimonial chez les Romains, parce que si on le compare à la *manus*, on voit qu'il accorde plus de protection à la femme, et si on le rapproche du régime dotal, il établit entre les époux une séparation moins grande d'intérêts. Mais ce régime

(1). *Histoire du régime* dotal et de la communauté en France par *M. Ginoulhiac*, Paris, 1842.

4

nuptial n'était pas l'œuvre du mundium germanique dans sa pureté primitive, mais du mundium adouci par l'influence des idées chrétiennes. C'est à elles qu'il faut attribuer que le prix du mundium, désigné dans les leges barbarorum par une foule de termes différents, comme : sponsalitium (1), dos (2), pretium nuptiale (3), gyft (4), arrhæ (5), metha (6), que le fiancé était obligé de payer pour acheter la tutelle sur sa femme, se transforma avec le temps ; que ce prix tourna dans l'intérêt de la femme, comme la donation faite par le mari ante nuptias et qu'il fut le germe du douaire (doarium) germanique.

Le christianisme dont nous rappelions naguère l'influence, élevant le mariage jusqu'à la dignité du sacrement, modifia le principe du mundium, d'après les règles duquel la famille de la femme mariée sans l'achat, sans pretium nuptiale, pouvait la revendiquer chez le mari comme sa propriété, et marquer les enfants nés de ce mariage de l'empreinte de la bâtardise. (7). Mais d'après la Religion et l'Eglise, ce n'est que le consentement de la fiancée qui fait le mariage parfait, et les droits du père-mundwald cèdent devant le fait accompli. Quand la nécessité de payer le prix du mundium

(1) Rothsaris, 1, 126 (v. Canc., Leg. Barb.).
(2) L. Visig., III, 1, 4.
(3) L. Burgun, 1, 12,
(4) Ethelbert, 1, 76
(5) L. Visig., III, 2, 8.
(6) L. Rotharis, 178.
(7) Laboulaye. Recherches sur la condition civile et politique des femmes, p. 83.

cessa d'être obligatoire (car l'Eglise protégeait et défendait l'existence des mariages), lorsque diminua l'importance primitive du *mundium* paternel, c'est alors que
le *pretium nuptiale*, consacré par l'usage, devint la
propriété de la femme. Le *Morgengabe* (le don du matin)
changé aussi sous l'influence du christianisme, se con-
fondit avec le *doarium*, ou quelquefois on le retrouve
sous son nom de *morgengabe*, mais dans ce cas même
il remplit le rôle de *doarium* (1).

La fortune de la femme germaine, lorsqu'elle était
mariée, pouvait se composer :

1º *De la dot* constituée par le père ou par les parents
(*faderfium*) (2). 2º *Du doarium*, c'est-à-dire des biens
composant la donation faite par le mari *ante nuptias*, qui
sous l'influence des idées romaines devint la marque
caractéristique des unions légitimes (3) ; et enfin 3º du
morgengabe, c'est-à-dire du don fait à la femme le len-
demain des noces, qu'on peut rencontrer quelquefois
indépendamment du *doarium* (4).

Pendant le mariage, le mari comme ayant le *mundium* de la femme, comme maître et tuteur, *der Frauen
Vogt und Meister*, comme dit le Miroir de Saxe, dispo-
sait absolument de sa fortune et jouait à l'égard des
tiers le rôle du propriétaire ; la femme ne pouvait ni
aliéner ni faire tout autre acte juridique concernant ses
biens sans permission du mari.

A la dissolution du mariage par la mort du mari, la

(1) Laboulaye, I, 125.
(2) Ginoulhiac, I, 218.
(3) Laboulaye, I, 119.
(4) Ginoulhiac, I, 213.

femme obtenait de la fortune laissée par lui le *fader-fium* et le *doarium* ou *morgengabe*, mais quant à ces dernières sortes des biens, ils lui étaient attribués plus souvent en usufruit qn'en toute propriété (1). En outre les lois germaniques lui assuraient une certaine partie de ce qui était acquis par le travail commun des époux (2).

II.

Droits de la femme sur une partie des acquêts.

Dans tout cela, il est difficile de voir la communauté des biens des époux, car les droits mentionnés n'étaient que les droits de succession, subordonnés, quant à leur existence, au cas de survie de la femme à son mari.

Enfin, lorsque le mari survivait, il n'était obligé de restituer aux héritiers de la femme que le *faderfium*, comme étant leur propre fortune ; le *doarium*, au contraire, ne ressentait aucune influence de la mort de la femme et restait au mari. Enfin, les héritiers de la femme ne venaient pas avec lui au partage des acquêts, ce qui aurait dû avoir lieu si la femme avait été considérée comme associée et non comme héritière de son mari. Il est donc évident que les lois germaniques n'avaient en vue que d'assurer à la veuve une part de la fortune du mari à côté des autres héritiers ; la pen-

(1) Laboulaye, I, 125.
(2) Laboulaye, I, 146-150.

sée était sans doute généreuse et faisait honneur à
l'époque qui l'avait conçue et réalisée : mais nous répé-
tons que cette part ne pouvait être prise que par la
veuve et jamais par la femme, tant que le mari subsis-
tait ; c'était donc un bienfait personnel à la veuve, ce
n'était pas un droit qu'elle pût transmettre à ses héritiers
sans être tenue de le réaliser personnellement. Sans
doute de ce droit reconnu à la veuve sur une partie des
acquêts, à la communauté il n'y avait qu'un pas ; et
cependant le droit germanique ne le fit pas, et ce fut
précisément le *mundium* qui l'empêcha de le faire. En
consacrant la supériorité du mari, il résistait à l'intro-
duction du principe de l'égalité des époux, principe
dont la reconnaissance devait préparer les voies à la
communauté. Il fallait le concours d'autres circonstances indirectes pour affaiblir ce *mundium* marital, pour
élever la dignité de la femme et fonder la communauté
des biens des époux, mais l'influence du *mundium* ne
devait jamais disparaître complètement.

III.

Communauté de biens des époux comme con- séquence des mœurs du moyen âge.

Durant le moyen âge nous apercevons une époque
assez longue, époque de transition, qui conduisit d'une
période de bouleversement à l'installation du nouvel
ordre de choses, dans laquelle la société engourdie et
la législation inanimée laissèrent libre carrière à l'activité

individuelle et à la formation du droit coutumier. Deux
faits moraux et sociaux à la fois caractérisent cette
époque : d'abord le droit de chaque individu de régler
l'ordre de succession dans sa famille et ensuite l'esprit
général de l'association.

Chaque propriétaire pouvait fonder un droit spécial
pour ses héritiers et pour sa propriété ; ce fait était favorable aux intérêts des femmes, car l'influence plus
grande, qu'exercèrent sur l'esprit et par suite sur cette
législation individuelle la considération des liens du
sang et l'autorité de la religion leur assuraient une part
plus juste dans les droits pecuniaires de famille.

IV.

Associations rurales, agricoles et urbaines dans l'Europe occidentale.

L'esprit de cette tendance à l'association qui envahit
d'une manière si complète la société du moyen âge et
qui des rapports politiques des barons féodaux pénétrait
jusqu'à la misérable chaumière du paysan vivant en
servage, en lui procurant l'adoucissement et la force
nécessaire pour supporter ce joug pesant, cet esprit
était sans doute la cause la plus active qui devait faire
accepter la communauté comme régime matrimonial
des époux.

Sous le chaume du paysan il se développa d'abord.
Les familles agricoles et surtout celles, qui étaient
soumises au servage vivaient dans un état de com-

munauté complète, les hommes et les femmes avaient
une part égale dans cette fortune commune ; de la supériorité du sexe il ne pouvait en être question, parce
que le *mundium* était le privilége exclusif de l'homme
libre, et que la femme, la sœur ou la fille d'un paysan
glebœ adscriptus relevaient de la puissance du seigneur.

L'état de dépendance et de servage, où se trouvaient
tous les membres de la famille les poussait vers le
même but : la communauté du travail amenait la communauté des gains et des profits. Ce n'est pas seulement
les personnes unies par les liens du sang, qui appartenaient à ces petites sociétés agricoles, mais encore tout
étranger qui habitait pendant une année et un jour
sous le chaume de l'association , par cela même qu'il
mangeait à la table commune, *à même pain et à même pot*
(1), et vivait sous le même toit, acquérait la qualité
d'associé. Les meubles et les acquêts étaient la propriété
de tous ; la terre appartenait au seigneur.

Les familles libres et bourgeoises présentaient aussi
le plus souvent une association de biens existant entre
ses membres. Partout où l'intérêt de l'agriculture l'exi-
geait , on se réunissait pour former de petites sociétés
rurales. Dans les villes, cet usage était devenu si général
que deux frères vivant ensemble et s'occupant de la
même industrie , faisant même métier ou même commerce pendant une année et un jour, étaient considérés
comme associés entre eux.

En présence de cette tendance universelle à la com-

----

(1) Beaumanoir. Cout. de Beauvoisis.
Ch. XXI, éd. Beugnot, I, 505.

munauté, l'union matrimoniale était une cause puissante qui devait contribuer à l'établir, car si l'habitation sous le même toit suffisait pour la créer, à plus forte raison, l'union si intime du mariage devait favoriser son développement.

La communauté était donc le seul régime matrimonial connu alors en Occident des classes inférieures. La dot ou le *doarium* étaient complétement inconnus au peuple gémissant sous le joug du servage, aux classes libres mais non privilégiées par la noblesse, et à la bourgeoisie. Néanmoins, quelques coutumes soumettaient la communauté de biens des époux à la condition d'une cohabitation réelle pendant une année et un jour ; elle n'était dans le système de ces coutumes qu'une application particulière de la communauté ordinaire, résultant de la vie commune continuée pendant la période dont nous parlions (1).

V.

Le douaires des nobles et la communauté.

Parmi la noblesse, le *doarium* se conservait toujours, quoique déjà au XIVe siècle la communauté des biens apparaisse quelquefois dans cette classe de la société, mais elle ne devint pas le droit commun pour le nord de la France avant le XVe siècle, époque à laquelle elle

(1) Laboulaye, I, 535.

reçut plus de développement par suite de la révision générale des coutumes, dans laquelle l'élément démocratique a vaincu définitivement. Néanmoins, le *doarium* demeura en France jusqu'à la fin du dernier siècle le privilége de la veuve noble.

Remarquons pourtant, que la communauté ne pénétra dans la haute société avec sa simplicité primitive, qu'en luttant contre le *mundium*, qui pour les classes libres survécut à tous les orages du 'moyen-âge; elle avait dû sur plusieurs points accepter son influence ; le mari associé était ici le seul propriétaire de la fortune commune , *maître et seigneur des biens de la communauté* , comme tuteur, ayant la mainbournie de sa femme, dont les droits , avant la dissolution de la communauté, étaient plutôt *in habitu*, que déjà réalisés, *in actu*. Comme conséquence inévitable de cette prépondérance du mari, la femme avait la faculté de renoncer à la communauté au moment de sa dissolution , quand le passif surpassait l'actif ; ce droit qui, dans le principe, était propre aux femme nobles, nous le voyons étendu avec le temps aux autres classes de la société (1), quoiqu'il ne fût cependant qu'un moyen insuffisant de sauver la femme des pertes auxquelles elle pouvait être exposée par l'administration mauvaise de son mari.

(1) Laboulaye, I, 337.

VI.

Influence du Droit Romain sur la communauté en Allemagne.

En Allemagne aussi, à la fin du moyen-âge, s'opé-rèrent des changements considérables dans les rapports pécuniaires des époux. La communauté coutumière, sons l'influence des idées du Droit Romain, qui trouve ici une nouvelle patrie, a revêtu les formes les plus diverses depuis la communauté des meubles et des acquêts, jusqu'à la communauté complète; mais elle n'était en usage que dans les villes , où, au XVIe siècle, le développement de l'industrie et du commerce (1) lui avait fait donner la préférence sur toute autre combi-naison. La haute société adopta le régime dotal romain, à côté duquel le *doarium* germanique se transforma en donation *propter nuptias*.

VII.

Communauté en Pologne.

En Pologne la communauté n'était connue que dans les villes régies par le droit allemand (2), et resta com-

(1) Eichhorn, v. III, § 451.
(2) Bandtkie, prawoprywatne polskie Wars ; 1851, p. 179.

plètement étrangère à la législation terrestre (mot consacré en Pologne pour désigner la législation qui régis-
sait les autres portions du territoire). Dans un seul
article du statut de la Lithuanie (1), dont l'origine
n'était pas polonaise, nous trouvons le principe de la
communauté des biens des époux.

La noblesse regardait ce régime comme contraire à
ses besoins et à sa mission ; aussi même la noblesse des
palatinats prussiens rompit avec un usage séculaire et
renonça à la fin du XVIe siècle à la communauté alle-
mande, adoptant à sa place la dot polonaise (posag,
wiano et zapisy na pzezycie).

Ainsi, on voit par ce qui précède que c'est la communauté coutumière française qui jusqu'à présent s'offre à nous comme l'expression la plus complète d'un
système matrimonial ; — nous présentons ici son esquisse
d'après le tableau qu'en a tracé de maiu de maître
Pothier, aussi honnête homme que grand jurisconsulte
(2).

§ 2.

Communauté selon le droit Coutumier Français.

I.

La communauté coutumière et la sociéte or-
dinaire.

La communauté des biens des époux peut à peine

(1) Statut 5, art. 21, v. Czacki o pols. e lit. pr.
(2) Traité de la comm. 2 vol., 1769.

être considérée comme une espèce particulière de société. Ce qui la distingue surtout de la société, c'est que
les droits du mari ne sont pas ici les droits du chef
et de l'administrateur, mais du propriétaire exclusif
des objets compris dans la masse commune. La femme
n'a que le droit éventuel, suspendu jusqu'au moment
de la dissolution de la communauté, où elle acquiert
la moitié de ce qui se trouve alors dans la masse commune. Tant que le mariage dure, ou à propremeent parler
que la communauté existe, la femme n'est pas vrai-
ment associée, elle n'a que l'espérance de le devenir
un jour : *non est proprie socia sed speratur fore*, comme
dit Dumoulin.

II.

Composition de la communauté coutumière.

I. ACTIF.

Dans la communauté coutumière entrent d'abord
tous les meubles qui appartiennent aux époux au
moment du mariage, et ceux qu'ils acquièrent plus tard
à un titre quelconque ; tombent encore en communauté
les immeubles acquis par le mari ou par la femme durant le mariage, à l'exception des immeubles obtenus à
titre de succession, enfin les revenus des immeubles
propres à chacun des époux perçus avant la dissolution
de la communauté.

Par conséquent les immeubles acquis par l'un des époux avant le mariage ou obtenus plus tard à titre de succession, n'entrent pas dans la masse commune et restent dans la propriété exclusive de chacun. Cette organisation si simple en apparence présente dans l'application de nombreuses difficultés et les principes sur lesquels elle repose reçoivent de fréquentes exceptions : il ne sera pas donc superflu d'entrer dans quelques détails pour déterminer plus exactement le vrai caractère de la communauté.

a. Les meubles. — Nous avons dit que tous les meubles des époux entrent en communauté, tous les meubles, c'est-à-dire non-seulement les objets corporels, mais aussi les droits, c'est-à-dire les créances de sommes d'argent ou d'autres choses mobilières. Néanmoins le prix qui a été perçu par l'un des époux ou qui lui est dû et qui provient de la vente d'un immeuble propre aliéné par lui pendant la communauté est considéré comme représentant cet immeuble et comme tel n'entre pas dans la masse commune, du moins sans récompense. Mais si la vente avait lieu avant le mariage, alors le prix ou la créance provenant de cette source entre en communauté, comme les autres objets mobiliers.

b. Les immeubles. — Les immeubles ne sont considérés comme conquêts de la communauté, que s'ils ont été acquis par l'un des époux pendant sa durée à titre d'*achat*, de *donation* ou de *legs*. Néanmoins l'immeuble donné ou légué à l'un des époux par son ascendant ne forme point un conquêt de communauté, car le legs et la donation, qui sont en général des causes de biens communs, sont au contraire, lorsque le donateur ou le disposant a la qualité d'ascendant, considérés comme des causes de propres, parce que le droit coutumier ne voyait alors dans l'opération qu'un arrangement de famille, un avancement d'hoirie et lui appliquait en conséquence le principe admis pour les successions. En outre, le testateur ou le donateur peut réserver la propriété exclusive du legs ou de la donation à l'un des époux. Ce n'est donc que les donations ou les legs purs et simples et de plus faits par toute autre personne que l'ascendant, dont l'objet tombe en communauté. Les immeubles n'appartiennent pas non plus à la communauté, si la cause de l'acquisition existait avant le mariage, quoique cette acquisition ne soit définitivement accomplie que durant la communauté. Ainsi les immeubles donnés à l'un des époux dans la convention précédant le mariage et en vue du mariage, quoique ces biens ne puissent devenir sa propriété que sous la condition et au moment du mariage, restent propres néanmoins à l'époux donataire.

Ainsi encore, la prescription commencée avant le mariage et accomplie pendant sa durée n'enrichit pas la masse commune. C'est, en effet, un autre cas d'acquisition dont la cause présumée remonte avant le mariage et qui ne s'est réalisée que pendant sa durée.

c. *Les revenus.* Les revenus des immeubles propres aux époux, perçus avant le mariage, entrent dans la communauté en qualité de meubles. Au contraire, les revenus perçus pendant le mariage appartiennent à la masse commune, non pas uniquement à cause de leur caractère mobilier, mais par le motif que la communauté, étant destinée à supporter les charges du ménage, doit avoir l'usufruit des immeubles propres exclus de la masse commune.

II. Passif.

A côté de l'actif, la communauté présente aussi ses charges, c'est-à-dire son passif.

La communauté est tenue d'abord des dettes mobilières, dont chacun des époux était débiteur au temps auquel s'est célébré le mariage ; car, absorbant tous leurs meubles, elle devient responsable des charges qui s'attachent à la masse mobilière.

Ensuite la masse commune supporte toutes les dettes contractées par le mari durant la communauté, à l'exception de celles qui ont été contractées dans son intérêt personnel et celles qui ont été contractées par le mari pour doter son enfant né du premier lit. Les dettes contractées par la femme ne tombent à la charge de la communauté qu'autant que le mari l'a autorisée à les contracter, soit expressément, soit tacitement.

Enfin, la communauté doit supporter les charges du ménage, de l'éducation des enfants, et comme usufruitière des immeubles propres des époux, elle est obligée de les conserver en bon état.

Tel est l'ensemble de l'actif et du passif de la communauté coutumière ; mais il était permis toujours aux époux de modifier cette composition dans le contrat de mariage, principe de la législation qui fit naître une multitude de communautés différentes, distinctes de la communauté légale par des nuances plus ou moins profondes. Les plus importantes des communautés conventionnelles sont passées dans le Code Napoléon.

Observons toutefois que, quelle que soit l'étendue donnée à la communauté, que les parties par leurs conventions la restreignent ou l'élargissent, les droits du mari et de la femme pendant sa durée sont au fond des choses toujours les mêmes.

III.

Droits du mari sur la masse commune.

Le mari est toujours maître et seigneur de la masse commune, dont il peut disposer d'une manière presque absolue, user et abuser selon sa volonté ; la femme n'a dans cette administration aucune part, n'exerce aucun droit à l'égard de la communauté. Néanmoins le mari ne peut s'approprier aucun bien au préjudice de femme, il ne peut faire des donations aux dépens de la communauté à ses enfants du premier lit ou à ses enfants naturels, à ses ascendants ou parents collatéraux, et s'il faisait de telles donations il devrait récompense à la masse commune.

Comme les droits exclusifs du mari à la communauté se limitent par sa durée, il suit de là, qu'il ne peut absorber, épuiser l'actif de la communauté que par des actes qui ont leur effet de son vivant, et que par testament il ne peut disposer que de la moitié de la masse commune, car le testament n'a aucune force avant la mort du testateur, et à ce moment le mari n'est plus le propriétaire de toute la communauté, qui par sa mort est dissoute définitivement : *Le mari vit comme maître et meurt comme associé.*

De ce principe que le mari durant la communauté est considéré comme le propriétaire exclusif des biens composant la masse commune, il résulte que c'est lui seul qui peut intenter toutes actions en justice ou y défendre, alors même que l'action a été intentée par la femme ou contre elle à l'époque antérieure au mariage. A plus forte raison, rien ne peut être entrepris que par le mari ou contre lui à partir du mariage.

IV.

Dissolution de la communauté.

Ce n'est qu'au moment de la dissolution de la communauté, que les droits de la femme jusqu'alors suspendus peuvent être réalisés par elle-même ou par ses héritiers.

La communauté se dissolvait par la mort naturelle ou civile de l'un des époux et par la séparation de biens prononcée par la justice, soit à la demande de la femme, soit comme conséquence inévitable de la séparation de corps.

La masse commune, qui jusqu'alors était dans les mains du mari, se divise en deux parties égales entre lui et la femme ou leurs héritiers. Mais la femme et ses héritiers ont la faculté de renoncer, selon qu'ils jugent la communauté avantageuse ou onéreuse.

Cette faculté n'est que la conséquence de la situation passive, à laquelle la femme se trouve condamnée par la loi durant la communauté. Il est assez pénible pour elle de perdre ce qu'elle a apporté à la communauté, sans se voir encore déclarée responsable de l'administration mauvaise de son mari et tenue de payer les dettes, dont il a chargé la masse commune.

La femme ou ses héritiers ont toujours le temps de renoncer à la communauté, tant qu'ils ne l'acceptent pas d'une manière expresse ou en procédant à des actes qui manifestent leur consentement : le droit coutumier ne fixe aucun terme fatal pour cette renonciation. Mais quand l'un des créanciers de la masse commune cite en justice la veuve, alors celle-ci ne peut user que du délai ordinaire, qui est de *trois mois*, pour faire inventaire et ensuite de *quarante* jours pour délibérer. Si dans ces délais, la veuve ne fait pas sa renonciation, elle sera considérée, comme acceptant la communauté et condamnée comme commune au profit du créancier de la communauté qui la poursuit; mais tant que le jugement n'aura pas l'autorité de la chose jugée, la veuve peut toujours éviter ses conséquences en se portant encore renonçante. Dans tous les cas, le jugement prononcé contre la veuve, qui, à défaut d'une déclaration de renonciation, l'oblige à payer le créancier au profit duquel il a été prononcé, ne l'astreint à aucune obligation envers les autres créanciers à l'égard desquels elle a encore le temps de renoncer à la communauté. *Res inter alios judicata alteri non prodest.*

Nous n'entrerons pas dans les détails de la liquidation si compliquée qui doit être accomplie afin de partager la masse commune entre le mari et la femme ou leurs héritiers. Remarquons seulement que, lorsque la masse commune est fixée et que le résultat final de la liquidation prouve que, déduction faite de leurs dettes, les époux ont encore des droits à faire valoir sur elle, alors la femme et ses héritiers ont un droit de préférence à l'encontre du mari ou de ses héritiers. En outre, la femme prélève sur la communauté la valeur totale de ses propres, ou le prix provenant de la vente de ses biens, sans considérer si ce prix est entré en communauté et si le mari l'a perçu en totalité ou seulement en partie. Cependant le mari ne peut demander sur la masse commune que la restitution de ses propres confondus avec les biens de la communauté; le mari, comme l'administrateur des biens propres de la femme, est responsable de la négligence dont il se rend coupable en ne recouvrant pas ses créances, et il grève la communauté de la dette qu'il contracte ainsi envers la femme. Dans le cas où les biens de la communauté ne pourraient pas suffire pour payer les créances de la femme, celle-ci a le droit de s'en faire payer sur les biens propres du mari.

Si la femme accepte la communauté, elle devient responsable de la moitié des dettes grevant la masse commune; le mari, au contraire, et ses héritiers répondent de la totalité des dettes et non-seulement de celles contractées par le mari avant le mariage, mais encore de toutes les dettes nées durant la communauté. Le mari, quand il contracte, s'oblige *proprio nomine :* toute personne qui ne déclare pas d'une manière précise en quel caractère elle agit, doit être considérée comme s'obligeant en son propre nom; celui qui contractait avec le mari ne connaît que le mari seul, *ejus solius fidem secutus est.* Quant aux dettes de la communauté contractées personnellement par la femme avant le mariage ou qui proviennent des successions qui lui sont échues durant le mariage, le mari n'est tenu de ces dettes que pour moitié. Si l'un des époux acquitte entièrement la dette de la communauté, il obtient alors une action contre l'autre pour l'obliger au remboursement de la moitié; mais nous trouvons ici cette différence importante entre le mari et la femme, c'est que l'action du mari en remboursement est garantie par une hypothèque sur les biens propres de la femme dans la proportion pour laquelle le créancier payé avait sur lui la garantie hypothécaire, si le mari n'a pas négligé de se faire subroger dans ces droits, tandis que la femme jouit de l'avantage singulier, *ex propria persona*, résultant de son hypothèque sur tous les biens du mari, hypothèque dont la date remonte au jour du mariage, c'est-à-dire au jour où la communauté a pris naissance.

Dans un seul cas la femme peut être obligée à payer la dette entière de la communauté, notamment si cette dette est hypothéquée sur un immeuble conquêt de communauté, qui lui appartient personnellement.

V.

Les biens propres de la femme.

Les biens propres de la femme restent en dehors de la masse commune. Comme nous l'avons dit déjà, les propres se composent uniquement des immeubles acquis avant le mariage ou obtenus depuis à titre de succession, et du prix de ces immeubles, lorsque ils sont vendus durant la communauté. Quoique ces biens soient la propriété actuelle et exclusive de la femme, ils ne restent pas sous son administration personnelle. Le mari, comme maître et chef de la communauté, a l'administration et l'usufruit (*bail et gouvernement*) de tous les biens de la femme durant la communauté, et les revenus qu'ils en a perçus lui appartiennent.

Néanmoins, le mari n'étant ici que l'administrateur et l'usufruitier, *baillistre, gouverneur et administrateur,* ne peut faire sans la femme aucun acte, qui aurait pour but et pour effet la disposition définitive de la chose, et ne peut ni aliéner ni grever d'hypothèque ses biens propres, de même qu'il ne peut pas seul procéder en justice dans les causes qui concernent la fortune personnelle de la femme.

§ 3.

Position légale de la femme vivant sous le régime de la communauté coutumière.

Telle était en général la situation réciproque des époux vivant en communauté sous le rapport pécuniaire. Cette communauté est le seul régime matrimonial né et développé chez les peuples chrétiens qui, par son organisation tout-à-fait originale et par l'harmonie du système, peut être comparé favorablement au régime dotal, fruit de la jurisprudence romaine. Mais donne-t-elle la solution de ce problème légué par le monde antique à la nouvelle société? répond-elle à l'idée principale du mariage et accorde-t-elle à la femme épouse les droits qui lui sont dus ? Voilà les questions auxquelles nous tâcherons de répondre dans la mesure de nos forces.

Personne ne niera que la communauté ne soit pour les époux unis par les liens les plus intimes, le régime qui se prête le mieux à l'union de leurs intérêts matériels.

La communauté coutumière surtout, qui produit la confusion des meubles et confère aux conjoints le droit de participer d'une manière égale aux acquêts gagnés pendant la vie commune, semble être le régime le plus conforme à l'essence de l'union conjugale; car, fondé sur l'idée de l'égalité des époux, partant de cette pensée que le travail et les soins de chacun d'eux ont même valeur, elle leur assure à chacun la même part d'acquêts, les soumet à une responsabilité égale pour les dettes, ne permet pas à l'un de s'enrichir aux dépens l'autre, ce qui aurait pu arriver squvent si leurs biens se fussent confondus complétement.

Nous ne pouvons pas ici omettre une remarque. En étudiant cette organisation de la communauté coutumière, notre esprit involontairement se reporte à son origine, aux temps et aux peuples qui assistèrent à sa naissance ; elle devait se former là où il n'y avait aucune fortune, où les vêtements, les meubles de ménage, les instruments agricoles ou d'artisans et où surtout le travail présentaient le seul fond, le seul capital des familles. C'est donc dans la classe pauvre dépouillée de la propriété immobilière vivant du travail de ses mains à qui parlait surtout le christianisme, cette religion du pauvre et de l'opprimé, c'est, dis-je, dans cette classe que la femme se délivra d'abord de cette inégalité de position, fondée sur l'idée de l'infériorité de son sexe, situation à laquelle l'avait condamnée le *mundium* germanique et de subordonnée qu'elle était jusqu'alors au mari elle devint sa compagne.

Aussi ne doutons-nous pas que la communauté coutumière primitive ne fût très différente de celle qui nous est parvenue, nous ne doutons pas qu'alors la femme n'eût des droits égaux à ceux de son mari, non-seulement après la dissolution de la communauté, mais aussi pendant sa durée. Et ce n'est que depuis que la communauté de l'état d'usage et de coutume passa à l'état de loi écrite, quand elle est devenue le droit de la haute société, de cette classe où la chevalerie, en rendant hommage à la beauté, proclama en même temps la faiblesse et l'impuissance de la femme, et se posa son défenseur, quand la communauté, dis-je, passa sous la plume des jurisconsultes du XVI° siècle prévenus d'une manière étrange contre les femmes, quand un homme comme d'Argentré les qualifiait d'un nom que nous avons honte de traduire ; (1) alors la communauté a perdu sa simplicité primitive et s'est transformée en cette institution compliquée dont les anomalies frappantes ne peuvent s'expliquer que par l'influence éloignée de l'ancien *mundium* germanique.

En effet, d'où vient que le mari, associé et disons

---

(1) Sunt enim in hoc animante (dit d'Argentré) effrenos motus efferata iracundia impetus concitati magna consilii inopia, et imbecillitas judicii superbia indomita. Sexus ipso ad commercia et frequentandos hominum cœtus inhabilis, et multis insidiis obnoxius. (sur Bretagne, art. 410, glose 2.)

même chef et l'administrateur de l'association conjugale
par l'ordre naturel des choses, est considéré comme le
propriétaire exclusif de tout ce qui entre dans la composition de la masse commune ? De quel droit peut-il
disposer de la communauté selon sa volonté, sans s'in-
quiéter si ses actes sont nuisibles ou non aux intérêts
de la femme, qui néanmoins est sa compagne et son
associée jusqu'à concurrence de la moitié de la masse
commune ? D'où provient cette fiction de la loi, cette
société étrange ? Evidemment elle n'était pas empruntée
à ces associations rurales dont nous parlions il n'y a
qu'un instant. Et ce n'est pas le Droit romain qui lui a
fourni cette organisation originale ; au contraire, partout où la communauté se développa sous l'influence
des idées romaines, elle présente une société civile soumise aux règles ordinaires.

On ne peut expliquer cette anomalie qu'en y voyant
une conséquence du *mundium* germanique ; c'est lui
qui, consacrant la supériorité du sexe, s'oppose à ce
que le mari ait son action quelque peu restreinte par les
droits de la femme, de telle sorte qu'il soit obligé de
prendre son consentement pour procéder aux actes
qu'il juge bons et nécessaires. Le même *mundium* produit encore d'une manière absolue l'incapacité juridique
de la femme mariée. Quoique étant associée, elle n'oblige
pas la communauté et même elle ne peut s'obliger personnellement sans l'autorisation du mari. Ne nous abu-
sons pas sur le motif de cette incapacité. Ce n'est pas
dans l'intérêt de la femme qu'on l'a déclarée incapable,
ni non plus dans le but de la protéger et de la sauver
des pertes auxquelles elle pourrait être exposée par
son inexpérience ou par la mauvaise foi de la partie

contractante. Non, le mari ne joue pas ici le même rôle
que le tuteur à l'égard du mineur. L'autorisation maritale n'est pas exigée comme un élément de sécurité, de
garantie des droits de la femme, mais comme un
attribut de la puissance qu'il a sur elle, comme l'attribut est la conséquence de son *mundium*. Il n'est
pas nécessaire d'aller bien loin chercher la preuve
de ce caractère différent, nous la trouverons tout
de suite dans la force de l'obligation contractée par
la femme non autorisée et de celle contractée par le mineur qui agit sans tuteur. L'obligation du mineur, quoique contractée sans autorisation, n'est pas en principe
nulle, elle peut être annulée seulement, si elle entraîne
une lésion et encore sur sa demande. Donc, tous les
actes avantageux pour lui sont valables et conservent
leur force complète. Au contraire, tous les actes juridiques accomplis par la femme sans autorisation du
mari sont nuls *ipso jure*, sans avoir égard à la circonstance, qu'ils lui auraient été avantageux ou nuisibles.

Ensuite, le mineur qui atteint sa majorité peut va-
lider les actes faits en minorité par la simple confir-
mation, tandis que les actes de la femme non autorisée,
même confirmés par la veuve, ne deviennent jamais
valables. C'est donc ici que la règle : *Quod initio vi-
tiosum est, tractu temporis convalescere non potest*, trouve
une application complète.[1]

La communauté coutumière, subissant l'influence du
mundium, a cessé d'être pendant sa durée une communauté proprement dite, et ce n'est qu'au moment de
sa dissolution qu'elle retrouve son caractère primitif.
On essayait de compenser les droits exorbitants du
mari sur la communauté, en accordant aux droits de

la femme le privilége de la préférence au moment de la liquidation. De là sort le système *des reprises et des récompenses,* qui néanmoins ne suffit pas pour empêcher les conséquences fâcheuses que la prépondérance du mari peut amener au point de vue de la situation matérielle de la femme.

Quoi qu'il en soit, oubliant pour un moment la possibilité des abus de la part du mari, la communauté coutumière a ce grand mérite, qu'elle assure non-seulement aux époux, mais aussi à leurs héritiers, une part égale dans les gains qu'ils acquièrent par leur travail pendant la vie commune; et de plus qu'à la mort de l'un des époux — mort qui seule peut dissoudre cette union, — l'autre, outre les profits matériels, a au moins cette consolation dans son deuil, qu'il n'est pas forcé de rompre avec les habitudes de toute sa vie et avec les souvenirs précieux à son cœur.

Le Code Civil français, la plus grande œuvre législative qui ait été accomplie, fit de la communauté coutumière le régime de droit commun, et lui fit régler les rapports pécuniaires des époux, lorsque ces époux se seraient mariés sans contrat.

La communauté du Code ne diffère qu'assez peu de la communauté coutumière. Disons toutefois que l'influence du *mundium* a été considérablement amoindrie; d'où il est résulté que la capacité juridique de la femme a beaucoup augmenté.

Remarquons ici trois règles dont la portée est générale :

1º La nullité des actes juridiques, accomplis par la

femme sans autorisation du mari, ne peut être opposée que par la femme ou le mari (1).

II° La femme qui fait avec l'autorisation du mari un commerce en son nom personnel, peut s'obliger à l'égard des tiers pour les affaires de son commerce, sans avoir besoin d'une autorisation spéciale, et ses engagements obligent la communauté (2).

III° Le mari ne peut disposer entre-vifs, à titre gratuit, des immeubles de la communauté ni de l'universalité ou d'une quotité du mobilier, si ce n'est pour l'établissement des enfants communs ; il ne peut pas même disposer d'effets mobiliers à titre gratuit et particulier, en s'en réservant l'usufruit (Code Napoléon, art. 1422). (3).

(1) Art. 5, C. Comm.
(2) Art. 220 et 225 du Cod. Nap.
(3) Nous arrêtons ici nos recherches et notre étude ; nous n'aborderons pas la matière de la communauté légale telle qu'elle se trouve organisée dans le Code Napoléon. Le législateur de 1804 s'est pour ainsi dire borné à reproduire le système déjà organisé par le droit contumier. Quant aux difficultés de détail que soulève l'application de la loi moderne et que nous sommes forcé d'omettre, elles feront l'objet des positions de notre thèse, prises dans le droit du Code Napoléon.

DEUXIÈME PARTIE.

§ 1.

*Quelques données statistiques de l'influence du régime
matrimonial sur les rapports économiques (1).*

Malgré toute son imperfection, la communauté coutumière gagne largement si on la compare au régime
dotal.

Je ne veux pas insister davantage sur leur valeur

(1) Comme le droit polonais consacre un régime qui se rapproche de celui de la dotalité, j'ai voulu, dans cette thèse, comparer
la communauté et le régime dotal afin de montrer quel est celui
des deux qui répond le mieux au but moral du mariage et aux
besoins économiques du pays en général. Pour cette étude, j'ai dû
m'aider des savantes recherches déjà faites sur ce sujet par un
auteur français, M. Simonet, dans son travail : *De l'influence du
régime matrimonial sur la prospérité du pays.* (Rev. crit. de
lég. et de jurispr., t. 11, 1857).

Cet auteur ayant borné ses calculs de statistique aux années

relative au point de vue moral : ce côté de la question a été envisagé tant de fois dans les traités scientifiques et dans les discussions législatives, qu'il est impossible d'ajouter de nouveaux aperçus.

L'influence de tel ou de tel régime matrimonial sur la prospérité de la famille, sur le crédit et en général sur le bien-être du pays attirait aussi souvent l'attention des jurisconsultes et des économistes.

Dans les derniers temps on a commencé à consulter la statistique à cet égard ; ces recherches ont démontré qu'il n'existe aucune institution sociale, même aucun fait moral, sur lesquels nous ne puissions prendre des renseignements dans ces chiffres muets en apparence. Mais les travaux de ce genre dans la littérature du Droit civil sont très rares.

Nous nous proposons de profiter de quelques recherches statistiques , afin de démontrer la mesure et le caractère de l'influence du régime dotal et de la communauté de biens sur certains rapports économiques du pays.

Dans les recherches de ce genre il s'agit surtout de distinguer 'de l'ensemble des résultats obtenus ceux qui ont été amenés par une cause déterminée. ·

Là donc où des influences secondaires sont moins nombreuses, le rapport devient plus saisissant, la solution plus exacte et plus facile.

De là résulte qu'il est plus aisé de déterminer l'in-

1840-1855, j'ai dû, en acceptant ses chiffres pour ce laps de temps, les pousser jusqu'à une époque plus voisine de nous, jusqu'à l'année 1860.

fluence de ces deux régimes matrimoniaux sur la richesse
du pays en France, que partout ailleurs ; car la France
n'a pas besoin d'être comparée avec une autre nation ;
elle possède le régime dotal dans le Midi, et la communauté dans le Nord. Les différences du caractère natio-
nal, du degré de la civilisation, de la situation géogra-
phique du climat, etc., sont ici beaucoup amoindries, si
elles ne sont écartées complétement.

Le nord de la France, la patrie du Droit coutumier,
comme avant la codification, de même aujourd'hui,
reste fidèle à la communauté de biens. Au contraire les
départements du Midi et l'ancienne Normandie donnent
toujours la préférence au régime dotal qui, avant la
codification, y régnait avec le Droit romain et qui s'est
développé indépendamment de ce droit, en Normandie.

Ce fait est prouvé jusqu'à l'évidence par le *compte
général de l'administration de la justice civile et commer-
ciale* ; les tribunaux du Nord sont saisis le plus souvent
de procès résultant de la communauté de biens des
époux ; les tribunaux du Midi ont plutôt à s'occuper
de procès nés du régime dotal.

Ni les événements politiques ni l'unité de la législation ne peuvent changer les anciennes opinions des
habitants à cet égard.

En se basant sur ce fait, nous pouvons diviser la
France en deux régions : la première, embrassant la
juridiction de *treize* cours *d'appel*, (1) est celle où la communauté reçoit jusqu'à présent la plus large applica-

(1) Amiens, Angers, Besançon, Bourges, Colmar, Dijon, Douai,
Metz, Nancy, Orléans, Paris, Poitiers, Rennes.

tion ; l'autre embrasse les *quatorze* (1) cours d'appel
qui restent, devant lesquelles on porte le plus souvent
les procès qui naissent du régime dotal.

La surface de la première région s'élève à 26,600,000
hectares et sa population à 19,700,000 habitants.

L'étendue de l'autre est de 26,300,000 hectares, et
la population de 16 millions d'habitans. La première
embrasse 630,000 petites propriétés rurales (cotes
foncières); l'autre, 4,500,000.

Dans la première région le nombre moyen des
patentés est de 39 par 1,000 habitants, et dans la
deuxième 29 seulement. Le produit des patentes est de
20 millions dans la première région, et de 12 millions
seulement dans la deuxième.

La question est de savoir dans quelle mesure le régime matrimonial exerce son influence sur la division
de la propriété et sur le développement de l'industrie.

Et d'abord en ce qui concerne la propriété foncière :

Sans nous arrêter sur la question si la multiplicité de
cotes foncières est utile ou nuisible à l'agriculture; dans
tous les cas ce fait témoigne la mutation fréquente de
la propriété, ce qui prouve toujours qu'il y a beaucoup
d'individus qui sont en état d'acquérir ces petites
propriétés. Or le nombre plus élevé des citoyens aisés,
présentant une garantie de solvabilité, prouve la prospérité plus grande du pays. La comparaison donc à
cet égard des deux régions de la France reste défavorable à la dernière : car , en présence de la même
surface et de la population inférieure à peine de 1/5, la
division de la propriété est moindre de la moitié.

(1) Agen, Aix, Bastia, Bordeaux, Caen, Grenoble, Limoges,
Lyon, Montpellier, Nîmes, Pau, Riom, Rouen, Toulouse.

Sans doute cette différence ne peut pas être attribuée entièrement à la seule nature du régime dotal. D'autres circonstances ne sont pas étrangères à ces résultats. N'est-il pas certain que les mœurs et les habitudes méridionales de ces provinces sont plus tenaces, que les habitants du Midi répugnent au partage en nature des successions immobilières, et que, toutes les fois que c'est possible, le fils aîné, selon l'ancien usage, conserve l'héritage sous condition de payer ses cohéritiers ? De l'autre côté il est plus difficile au fermier du Midi de parvenir à une fortune, car le système de la perception des arrérages en nature est moins favorable que le système des redevances en argent, adopté dans le Nord.

Ces causes ne sont pas sans importance, mais il faut convenir que le régime dotal retire du commerce un nombre considérable d'immeubles, que même en dehors de cette inaliénabilité dont il frappe les biens dotaux, la fortune personnelle du mari soumis à l'hypothèque légale de la femme trouve difficilement des acquéreurs. Ces raisons nous portent à croire que c'est la dot qui empêche le plus la libre circulation de la propriété foncière.

Les données statistiques, que nous venons de présenter, prouvent encore que, là où la dotalité est admise comme régime matrimonial, le mouvement et le développement du commerce sont sensiblement plus faibles.

D'un côté nous voyons que le nombre des citoyens qui s'occupent de l'industrie, est plus faible dans les provinces méridionales que dans le Nord ; dans le Midi en effet, le rapport est de 29 sur 1,000, tandis que dans le Nord de la France le nombre de ceux qui cherchent le gain dans le commerce ou dans les petites industries est supérieur au premier de 1/4.

D'un autre côté le produit des patentes est au dessous de toute proportion ; car, pour être en rapport avec la population, il devrait s'élever à 16,700,000 francs, tandis qu'en réalité il ne dépasse pas 12 millions.

Dans ce résultat le régime matrimonial joue sans aucun doute un rôle important ; car la différence, quant à la quantité des patentes, provient de ce que dans le nord de la France le nombre des petites entreprises industrielles est de beaucoup supérieur à celui du Midi, et dans ce nombre les femmes qui s'occupent du commerce ne sont pas l'exception, surtout les femmes d'ouvriers.

La communauté est pour elles une cause puissante qui les encourage au travail et à l'activité, car elle assure à la femme la moitié des profits ; la dot, au contraire, accordant au mari la propriété exclusive de la fortune acquise durant le mariage, rend la femme indifférente à l'accroissement de cette fortune, laquelle un jour, au décès du mari, doit passer dans les mains de ses héritiers.

Nous regrettons de ne pas pouvoir présenter le chiffre des patentes délivrées aux femmes mariées dans les deux régions de la France ; la comparaison de ces chiffres ajouterait beaucoup de précision à ces déductions.

Les chiffres suivants nous permettront de tirer des conséquences encore plus certaines.

Voyons où la propriété et l'industrie sont exposées à des crises plus fréquentes.

Le chiffre moyen des saisies immobilières opérées

dans la période de cinq ans, notamment de 1849-1854,
dans la première région de la France s'élevait à 4,924
Dans la deuxième 5,432
Le chiffre moyen des faillites, dans la
même période, a atteint dans la première
région. 1,558
Dans la deuxième. 706

Donc le rapport des saisies immobilières dans la
première région et de celles dans l'autre, est :

de 49 à 54.

Si nous prenons pour base le nombre des cotes foncières dans chacune des deux régions, la disproportion
sera encore plus frappante. Car il est évident que là où
il y a moins de propriétés, le nombre des saisies devrait être proportionnellement inférieur. Cependant de
la proportion suivante :

$$63 \left\{ \begin{matrix} \text{nombre} \\ \text{des cotes} \\ \text{de la} \\ \text{première région.} \end{matrix} \right\} : 45 \left\{ \begin{matrix} \text{nombre des cotes} \\ \text{foncières} \\ \text{de la} \\ \text{deuxième région} \end{matrix} \right\} :: 49 \left\{ \begin{matrix} \text{nombre} \\ \text{des saisies} \\ \text{de la} \\ \text{première région.} \end{matrix} \right\} : X \left\{ \begin{matrix} \text{nombre} \\ \text{des saisies} \\ \text{de la} \\ \text{deuxième région} \end{matrix} \right\}$$

$$X = \frac{45 \times 49}{63} = 35.$$

résulte que le nombre des saisies de la deuxième région
devrait être de 35 et qu'en fait ce nombre s'élève
à 54.

Or, il faut admettre que les propriétaires se ruinent
plus fréquemment dans les contrées où le régime dotal
est en vigueur, et que cet état de choses est, au moins
en partie, la conséquence de ce régime. Car si les propriétaires pouvaient dans un moment critique disposer
de la fortune de leurs femmes, ils ne seraient pas assurément expropriés si souvent par leurs créanciers.

Ce fait au premier abord est inexplicable : s'il est vrai, ainsi que nous le pensons, que les maris trouvent dans le régime de la communauté des ressources qu'ils n'auraient pas sous l'empire du régime dotal, les commerçants dans la première région, devraient être souvent à l'abri des catastrophes auxquelles resteraient exposés les commerçants dans la deuxième.

Il importe de remarquer, en premier lieu, qu'il y a dans la région du Nord un bien plus grand nombre de commerçants que dans le Midi : aussitôt qu'un ouvrier ou un commis a réalisé quelques économies, il achète un fonds de commerce, dans l'espérance d'un brillant avenir, et croit pouvoir marcher tout seul. C'est là un leurre dangereux. Il y est encore encouragé par la plus grande facilité que le régime de la communauté offre aux femmes pour faire le commerce. Celles-ci ont une grande aptitude pour la gestion d'un commerce de détail, mais la moindre crise financière épuise leurs faibles ressources. En effet, le nombre de faillites au-dessous de 50,000 fr. est double dans le Nord de ce qu'il est dans le Midi : ainsi dans les années de 1849-1853 le nombre moyen des faillites dans la première région,

s'élevait à. 1,116
et dans la deuxième, à 563

Dans le ressort de Paris, ce nombre est de 791 en une année. On peut par conséquent attribuer le nombre considérable des faillites aux causes spéciales qui n'ont aucun rapport avec le régime matrimonial.

Nous présentons encore quelques chiffres qui donnent le nombre des procès résultant de la communauté et du régime dotal :

1º La communauté :

Partage de la communauté. 766

2º La dot ;

Vente ou échange des biens
dotaux. 614
Nullité, révocation de la vente. 86 } 1,060
Remploi des deniers dotaux. 360

Ce sont les nombres moyens des procès portés devant les Tribunaux durant la période de cinq ans, notamment de 1849-1853.

L'un des reproches que l'on adresse avec juste raison au régime de la communauté, c'est de rendre nécessaires un partage et une liquidation entre l'époux survivant et les héritiers du prédécédé. Outre les procès dont le nombre moyen est de 766 dans chaque année, cette opération amène des conséquences fâcheuses, elle arrête subitement les entreprises commerciales des époux, ce qui peut causer des pertes inappréciables. Mais le partage de la communauté n'est pénible que pour les époux et pour leurs héritiers, tandis que les procès résultant du régime dotal, non-seulement sont plus nombreux, mais ils nuisent encore aux tiers acquéreurs et sont destructifs de la bonne foi et du crédit.

Les derniers chiffres nous prouvent enfin que les Tribunaux de la région où domine le régime dotal, prononcent deux fois autant de séparations de biens que les Tribunaux du Nord.

Le nombre moyen des séparations prononcées chaque année :

1º Par les Tribunaux du Midi, s'élève à . . 3,220
2º Par ceux du Nord, à 1,516

Et chose singulière ! il semble que le régime dotal offre à la femme des garanties beaucoup plus sérieuses que le régime de la communauté, car les immeubles dotaux sont inaliénables et sa fortune mobilière réunit toutes les garanties possibles, garanties auxquelles la femme ne peut pas même renoncer. Malgré tout cela, les femmes vivant sous le régime dotal, demandent plus souvent la séparation de biens, et cette séparation est plus souvent prononcée dans leur intérêt.

Quelle peut être la cause de ce fait ?

Nous pensons avec M. Simonet que, dans les contrées où le régime dotal est en vigueur, les femmes n'ayant pas l'habitude de voir leurs intérêts confondus avec ceux de leurs maris, sont plus indifférentes à l'égard des affaires dans lesquelles ils se trouvent engagés ; elles sont moins disposées à faire des sacrifices. Persuadés une fois pour toutes, ainsi que leurs maris, que la dot doit avant tout être mise à l'abri, quoi qu'il arrive et quoi qu'il en coûte, dès qu'apparaît le moindre danger, elles forment une demande en séparation de biens.

Dans le Nord, au contraire, les femmes partagent les chances de gain et de perte ; elles donnent souvent d'excellents avis ; elles sont au courant des affaires commerciales ; elles tiennent souvent la caisse et les livres ; elles acquièrent l'expérience nécessaire pour juger avec sang-froid et sans s'alarmer trop tôt une situation critique, pour aider à la traverser et à faire face à des difficultés pécuniaires : elles doivent hésiter beaucoup à faire liquider la société conjugale, dans laquelle elles ont pris un rôle plus actif.

Enfin, sous une législation qui admet les femmes au partage égal des successions provenant de leur famille, il arrive souvent que celles-ci apportent en mariage une fortune égale et souvent supérieure à celle de leurs maris. Si leur dot est mobilière, il est très rare que la fortune immobilière du mari soit suffisante pour garantir la restitution de la dot qu'il a reçue. A vrai dire, celle-ci est toujours en péril. Que le chef de la société conjugale éprouve des pertes, qu'il fasse une mauvaise spéculation, les créanciers se présentent et il sera le premier à donner à sa femme le conseil de demander la séparation de biens, comme unique moyen de sauver la dot.

§ 2.

CONCLUSIONS.

Nous avons posé, au début de notre travail, le principe que les droits de famille, en général, et par conséquent le régime matrimonial, est presque l'unique sphère des droits à la jouissance desquels est appelée la femme privée des droits politiques, civiques, et parfois de l'exercice même des droits civils. Maintenant, en jetant un regard impartial sur l'ensemble du régime dotal, nous sommes forcé d'avouer que les droits de la femme vivant sous ce régime sont sacrifiés. La loi lui refuse une portion d'acquêts réalisés durant la vie commune des époux et accorde tous les gains au mari; la femme, quoique la compagne des travaux du mari et maîtresse de la maison, ne gagne rien, comme si ses travaux et ses soins ne pouvaient être appréciés à côté de l'activité productive de son mari. Et cependant il n'en est pas ainsi dans la pratique de la vie quotidienne. Les faits

de tous les jours démontrent l'importance de l'active
coopération de la femme, même dans les industries
plus particulièrement exercées par les hommes. Néanmoins, malgré tout, la femme n'a aucun droit à la fortune, qui est aussi dans une grande partie son œuvre.

Or, les législations qui consacrent le régime dotal
comme le régime de droit commun, se placent à un faux
point de vue, elles raisonnent uniquement dans la sup-
position que la femme, au moment de contracter mariage, possède une riche fortune ou qu'elle acquerra des
biens pendant sa durée à titre de succession ou de donation. De là provient cette sollicitude de la loi pour
conserver l'intégrité de la fortune de la femme. Nous
croyons que, tout en permettant aux futurs époux de
choisir le régime matrimonial qui leur paraît préféra-
ble, le législateur ne devrait jamais établir le régime
dotal comme régime de droit commun; la future épouse
ou ses parents ne négligeront pas d'y recourir et de garantir sa fortune lorsqu'il y aura à craindre des abus
possibles de la part du mari.

Le régime de droit commun devrait surtout assurer
les droits réciproques des époux qui augmentent leur
patrimoine commun durant la longue vie conjugale et
particulièrement dans ce cas garantir à la femme une
portion équitable des acquêts.

Les législations qui ont admis la dotalité comme régime de droit commun tâchaient d'améliorer la position
matérielle de la femme, en lui attribuant un droit à la
succession du mari.

Dans la loi polonaise l'étendue de cette part d'héritage dépend de la qualité des héritiers avec lesquels
elle concourt. Ainsi, quand elle vient avec les enfants

du défunt, elle obtient en propriété une part d'enfant ; avec les parents au quatrième degré, elle a droit au quart du patrimoine ; avec les parents des degrés plus éloignés, à la moitié. Enfin, quand l'époux décédé n'a pas laissé des héritiers appelés par la loi à recueillir la succession, la femme seule lui succède.

La même disposition est répétée à l'égard du mari.

Mais, malgré toutes ces modifications, le mariage sous le régime dotal n'exerce pas une influence décisive sur la situation pécuniaire des personnes qui le contractent, car chacun des époux conserve la propriété de ses biens. Durant le mariage, la femme n'a aucun droit à la fortune acquise, et après la mort du mari, un parent du quatrième degré obtient les trois quarts de sa succession.

Mais laissons de côté ce régime spécial du droit polonais, et finissons en posant sans hésiter nos dernières conclusions.

De tout ce que nous avons dit, il nous semble résulter que le régime de la communauté répond le mieux aux besoins économiques et à la nature de l'union conjugale ; au contraire, le régime dotal, fruit de l'antiquité, jetant dans le mariage le germe de la défiance ; nuit à la propriété en la frappant d'inaliénabilité, il excite moins la femme à l'initiative et à l'activité en lui refusant toute part d'acquêts réalisés durant la vie conjugale ; il expose la propriété immobilière à des crises plus fréquentes et à des procès plus nombreux et parfois plus compliqués que ceux qui résultent de la communauté.

Cette seule circonstance, que le régime dotal cause deux fois autant de séparations de biens qui amènent

souvent des conséquences fâcheuses pour la vie conjugale, nous décide à donner la préférence à la communauté de biens.

Et c'est sous ce régime que nous pouvons justement
appliquer au mariage la définition du Droit Romain :
consortium omnis vitæ !

	1854.			1855.			1856.			1857.			1858.			1859.			1860.			Nombre moyen		
	Saisies immobil.	Faillites.	Séparations de biens.	Saisies immobil.	Faillites.	Séparations de biens.	Saisies immobil.	Faillites.	Séparations de biens.	Saisies immobil.	Faillites.	Séparations de biens.	Saisies immobil.	Faillites.	Séparations de biens.	Saisies immobil.	Faillites.	Séparations de biens.	Saisies immobil.	Faillites.	Séparations de biens.	Saisies immobilier.	Faillites.	Séparations de biens.
s.	330	165	150	323	153	167	304	210	193	270	175	165	234	173	159	187	195	168	219	194	181	2,698	2,369	1,483
s.	72	69	70	61	71	87	58	92	94	68	87	102	59	123	83	69	78	83	70	68	68			
çon.	434	93	89	457	63	98	349	62	83	242	68	80	227	64	85	175	65	57	161	61	56			
es.	211	47	56	187	60	89	170	61	66	183	66	73	178	70	61	176	44	74	88	35	50			
r.	376	107	49	357	87	48	239	77	43	175	80	37	146	69	52	102	78	30	80	67	52			
	287	103	127	305	104	107	248	120	102	241	111	114	242	91	118	242	96	83	200	81	82			
	100	140	85	164	110	74	145	107	86	162	158	90	119	170	109	92	144	87	106	154	72			
r.	193	68	72	206	73	56	201	72	67	147	56	72	90	41	45	87	36	46	95	42	40			
ns.	297	88	92	379	86	78	323	72	84	262	99	97	214	71	59	145	68	60	113	67	67			
	86	97	70	105	98	81	109	111	93	97	93	70	101	75	97	87	70	83	94	73	60			
rs.	684	1,008	423	648	1,082	481	658	1,014	436	547	1,152	439	548	1,316	523	479	1,527	533	431	1,356	428			
s.	124	68	109	100	106	120	124	105	134	130	94	120	162	180	157	173	92	121	132	70	103			
s.	172	100	75	130	98	70	126	113	84	100	109	74	120	104	102	125	117	77	118	108	85			
x.	3,446	2,240	1,470	3,362	2,191	1,456	3,056	2,272	1,475	2,631	2,326	1,531	2,348	2,607	1,626	2 141	2,408	1,502	1,907	2,552	1,322			

RÉGION DE LA DOTALITÉ.

	1854.			1855.			1856.			1857.			1858.			1859.			1860.			Nombre moyen		
	Saisies immobil.	Faillites.	Séparations de biens.	Saisies immobil.	Faillites.	Séparations de biens.	Saisies immobil.	Faillites.	Séparations de biens.	Saisies immobil.	Faillites.	Séparations de biens.	Saisies immobil.	Faillites.	Séparations de biens.	Saisies immobil.	Faillites.	Séparations de biens.	Saisies immobil.	Faillites.	Séparations de biens.	Saisies immobilier.	Faillites.	Séparations de biens.
	440	38	100	101	45	87	116	76	96	132	106	116	196	81	123	236	66	160	180	54	118	3,391	1,530	2,549
	168	96	95	155	99	96	161	87	84	124	102	89	92	110	99	153	137	100	127	148	114			
	6	1	3	2	5	2	3	2	6	5	2	1	10	1	1	6	4	0	10	1	2			
ux.	225	163	138	215	192	134	253	233	161	251	245	193	305	257	188	525	198	166	368	210	100			
	391	170	525	354	117	313	358	124	309	222	125	239	230	143	236	211	142	243	204	145	257			
ble.	440	94	381	555	100	417	315	100	544	505	105	548	344	101	344	352	73	204	316	77	366			
ges.	340	57	178	369	59	196	343	56	199	528	56	182	357	35	470	302	46	142	258	54	142			
	280	169	253	238	132	279	225	178	224	238	245	286	243	242	360	238	219	323	277	217	315			
ellier.	286	61	172	258	48	108	239	51	142	208	102	143	299	131	194	304	99	204	276	65	193			
s.	546	77	203	506	112	204	358	82	210	336	118	214	398	111	292	416	95	283	433	74	248			
	163	58	73	219	35	74	180	21	67	217	43	88	248	49	102	240	59	85	218	39	67			
n.	397	61	207	377	80	223	371	79	245	386	89	260	398	118	270	438	76	266	410	82	221			
uso.	199	306	230	404	265	206	161	286	223	447	228	204	456	224	222	402	252	144	422	262	196			
	232	80	183	269	84	150	245	68	150	229	99	119	239	91	115	289	74	163	262	73	134			
ux.	3,801	1,581	2,800	3,212	1,389	2,569	3,288	1,343	2,440	3,125	1,667	2,508	3,515	1,723	2,713	3,610	1,502	2,581	3,192	1,507	2,533			

NATURE DES PROCÈS.	1854	1855	1856	1857	1858	1859	NOMBRE MOYEN.
Partage de la communauté.	740	766	663	633	671	727	**700**
Vente ou échange de biens do- taux.	587	806	359	359	385	414	**485**
Nullité, révocation de la vente	104	129	114	114	89	93	**106** **1313**
Remploi de deniers dotaux. .	987	482	883	960	532	523	**722**

POSITIONS.

DROIT ROMAIN.

I. Le père est-il obligé de doter sa fille, si elle a ses propres biens suffisants ? — Non.

(L. 5, § 7, D., 25, 3, de *agnoscendis tabulis*).

(L. 19. Dig., *de ritu nupt.* 23, 2).

II. Une femme, sur le point de se marier, promet en dot ce que lui doit, sous alternative, son futur époux, savoir : un fonds de terre ou une somme d'argent : le choix appartient-il à la femme ? — Non.

(L. 9, § 1. D. *de fundo dotali.*

III. Une personne fait au père donation d'une certaine somme d'argent à condition qu'il la constituera en dot à sa fille ; on demande si cette dot est *adventice* ou *profectice ?* — *Adventice.*

(L. 5, § 9, *de jure dotium* D.).

IV. Le mariage se contractait à Rome *solo consensu.*

DROIT FRANÇAIS.

Code Napoléon

I. Le mari ne doit aucune récompense à la communauté quant

aux réparations civiles, c'est-à-dire quant aux *dommages-intérêts* auxquels il a été condamné.

II. Le remploi effectué dans les conditions prescrites par l'art. 1435 s'analyse, non point en une *datio in solutum*, mais en une *véritable gestion d'affaires*.

III. C'est à titre de créancière et non de propriétaire que la femme commune exerce ses reprises (art. 1471 et 1472).

IV. La donation d'immeubles, qui est faite conjointement aux deux époux, constitue une cause d'acquisition de propres (article 1405).

V. La dot constitue un titre *lucratif* quant à la femme, et un titre onéreux quant au mari. En conséquence, l'action paulienne peut être utilement intentée contre la femme, sans qu'il soit nécessaire de prouver qu'elle a participé à la fraude du constituant. La bonne foi du mari le met, au contraire, à l'abri de toute recherche.

VI. La dot mobilière est aliénable.

VII. Le jugement emportant l'hypothèque, rendu entre étrangers ou au profit d'un Français contre un étranger, a en France force de chose jugée ; il ne lui manque que la force exécutoire (C. N., art. 2123, 4e al.).

VIII. L'héritier pour partie, après qu'il a payé la part de dette dont il est personnellement tenu, ne peut pas faire transcrire l'acte de partage et purger l'immeuble hypothéqué qui a été placé dans son lot.

Droit Administratif.

I. Le ministre constitue le tribunal administratif de droit commun.

II. Les actes qui émanent du pouvoir qui gouverne ou de celui qui gère, sont-ils actes administratifs ? — Non.

III. La question de savoir si un riverain a un droit de pêche dans un cours d'eau, quoique l'administration soutienne que ce cours d'eau est une noue alimentée par les eaux d'une rivière navigable, est-elle de la compétence des tribunaux administratifs? — Non.

Code de Procédure civile.

I. Le taux du dernier ressort est fixé par la *demande*, et non par la *condamnation*.

Droit Commercial.

I. La présomption que l'engagement souscrit par un commerçant, sans expression de cause, est commercial doit être appliquée au mineur commerçant.

Droit Criminel

I. La peine de la déportation dans une enceinte fortifiée doit aujourd'hui remplacer celle des travaux forcés à perpétuité, prononcée par l'art. 56 du Code Pénal.

II. Celui qui commet un second crime, après avoir obtenu grâce du premier, est-il coupable de récidive ? — Oui.

Vu par le Président de la thèse,

BRESSOLLES.

Vu par le Doyen de la Faculté,

CHAUVEAU-ADOLPHE.

Vu et permis d'imprimer :

Le Recteur,

ROUSTAN.

Cette Thèse sera soutenue le mercredi 27 décembre 1865, à 2 heures.

www.ingramcontent.com/pod-product-compliance
Lightning Source LLC
Chambersburg PA
CBHW071524200326
41519CB00019B/6054